AF629797

Die KUNST des ZEICHNENS 15 MINUTEN COMIC CARTOON

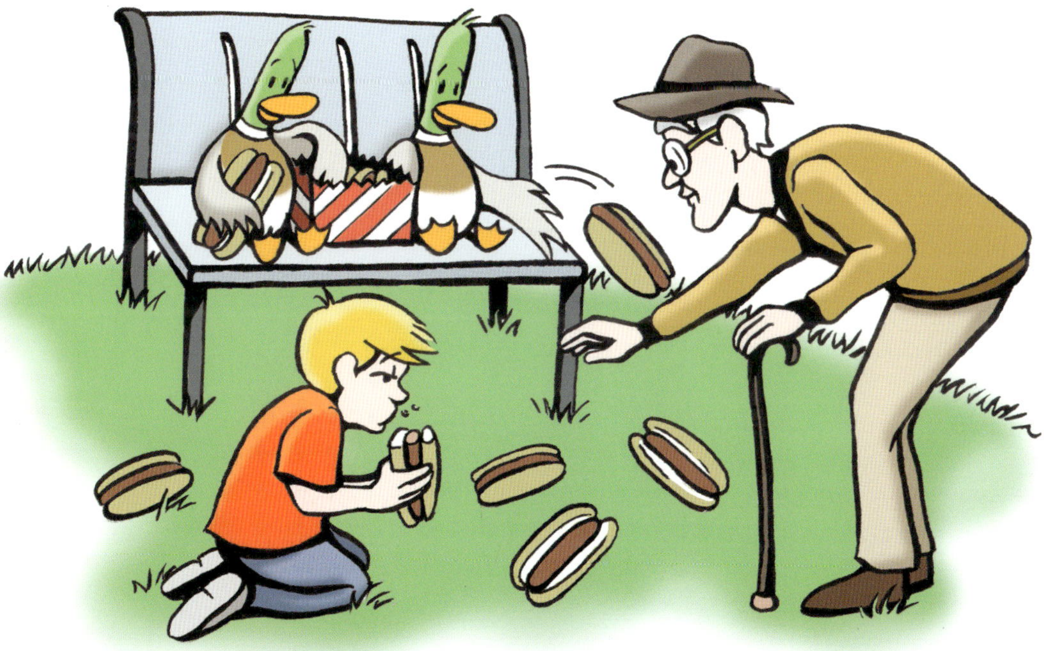

Inhaltsverzeichnis

Zeichnen in 15 Minuten

Mit lockerem Strich Comics und Cartoons zeichnen zu können – davon träumen viele. Oft sind es die Comic-Helden unserer Kindheit, deren Abenteuer uns noch bis ins Erwachsenenalter inspirieren. Selbst eigene Figuren und Geschichten kreieren und zeichnerisch überzeugend umsetzen zu können, muss kein Traum bleiben! In diesem Buch finden Sie eine Vielzahl an Übungsbeispielen aus der menschlichen und tierischen Comicwelt, die Ihnen dabei helfen, nach und nach zeichnerisch zu eigenen Charakteren zu gelangen. Ihre Fortschritte können Sie anhand von drei Motiven überprüfen, für die Sie lediglich etwa 15 Minuten Zeit investieren müssen, um sie zu zeichnen. Ob Ihre eigenen Comic-Helden am Schluss Superhelden, Bösewichte, Märchenwesen oder Besucher aus anderen Galaxien sind, bleibt Ihnen überlassen – mit Sicherheit werden Sie viel Spaß beim Zeichnen haben!

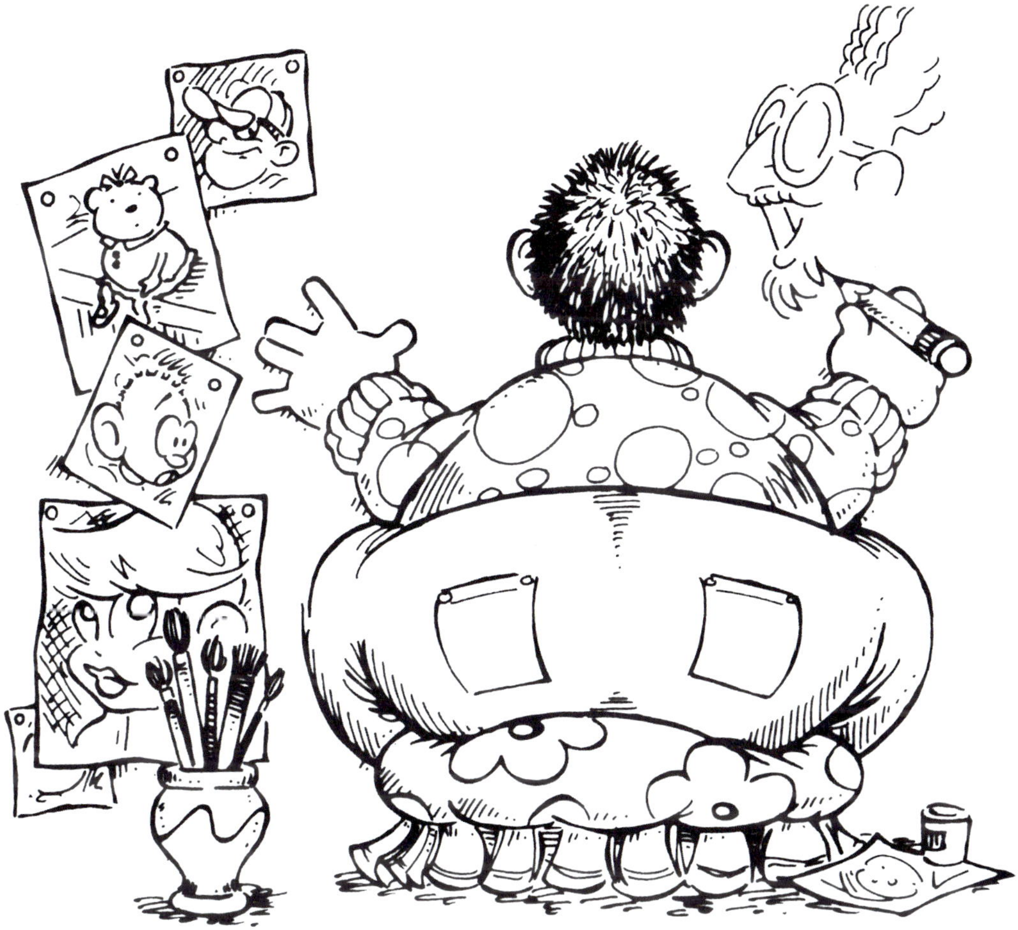

Comic & Cartoons zeichnen

Cartoons und Comics leben von schrägen Charakteren und verzwickten Situationen. Vieles kommt uns aus unserem eigenen Leben sehr bekannt vor und die Übertreibung und Zuspitzung im Comic bringen uns zum Lachen – und Nachdenken. Zwei wichtige Eigenschaften muss ein angehender Cartoon-Zeichner besitzen: Er sollte Freude am Zeichnen und einen Sinn für Humor haben.

Egal ob niedlich, durchgeknallt oder realistisch – in diesem Buch finden Sie die Grundlagen, die Sie zum Comiczeichnen brauchen. Sie lernen, wie Sie Gesichter und Körper aus einfachen Grundformen aufbauen, welche wichtige Rolle Emotionen und ihr Ausdruck spielen und wie Sie Ihre Figuren in Bewegung setzen. Mit der Zeit und kontinuierlicher Übung wird sich Ihr eigener Stil herauskristallisieren, der so unverwechselbar wie ein Fingerabdruck ist. Alle Beispiele in diesem Buch können Sie dank der vielen Tipps gut nachvollziehen. Dann wird Ihnen die Entwicklung eigener Charaktere bestimmt leicht gelingen.

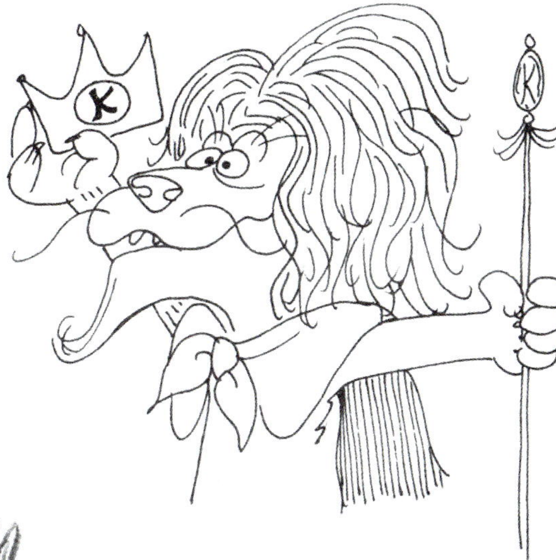

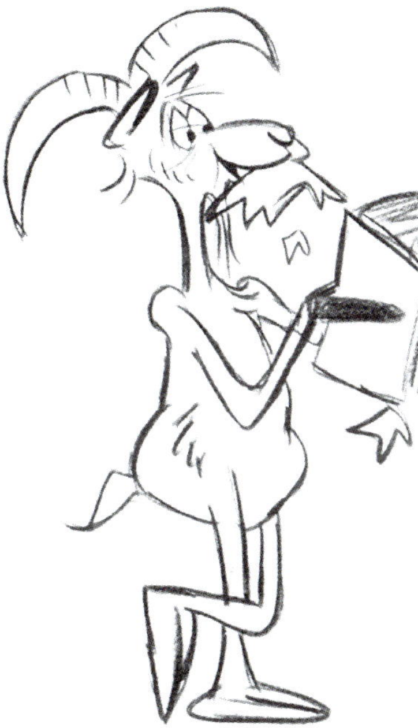

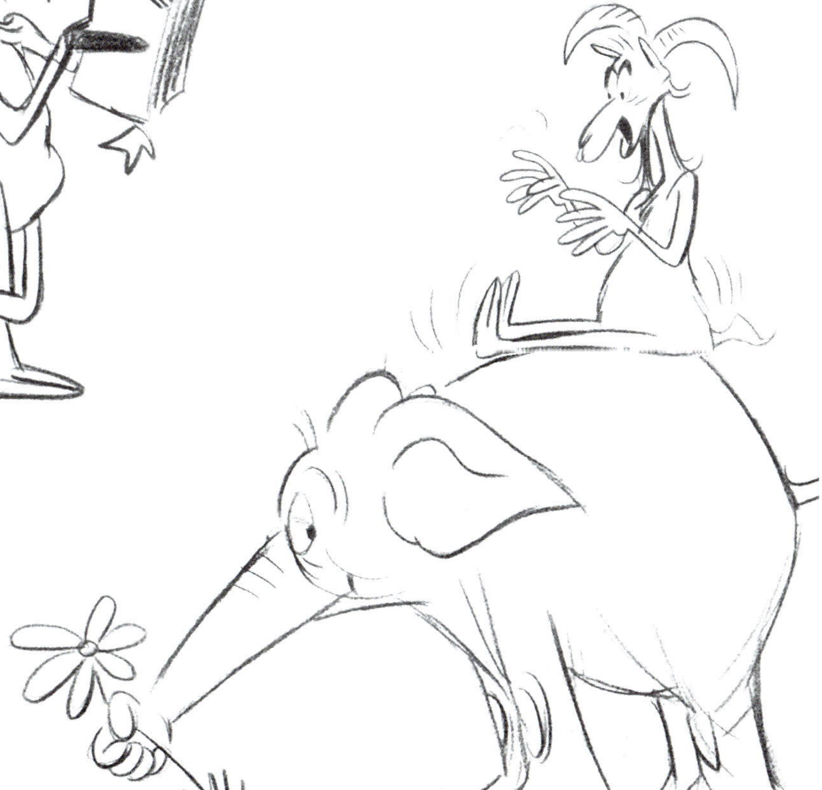

Material

Die Basics

Es macht wenig Sinn, beim Kauf des Arbeitsmaterials zu sparen. Die Spitzen billiger Bleistifte brechen schneller, preisgünstige Fineliner und Filzstifte halten oftmals nicht so lange und ihre Farben bleichen schneller aus. Beschränken Sie sich zu Anfang auf wenige, aber qualitativ hochwertige Materialien – das hilft Ihnen, motiviert bei der Sache zu bleiben.

TIPPS

Zum Zeichnen von Cartoons brauchen Sie kein ausgefallenes Equipment. Eine der berühmtesten Comicfiguren hat das Licht der Welt auf einer Serviette erblickt – gezeichnet mit einem Filzstift. Trotzdem hilft dem hoffnungsvollen Anfänger das richtige Material, Spaß an der Arbeit zu haben.

Zunächst brauchen Sie nichts als einen Stift, Papier und einen Radiergummi sowie einen Filzstift oder Marker für die Reinzeichnung. Welcher Stift und welches Papier? Machen Sie sich nicht verrückt – das sind keine lebenswichtigen Fragen! Es kommt viel eher darauf an, womit Sie gerne arbeiten. Dennoch hier ein paar Tipps zur Qualität.

Radiergummi

Die rosafarbenen Radiergummiwinzlinge, die am Ende gewisser Bleistifte befestigt sind, können Sie vergessen: Sie schmieren und machen nichts als kleine Krümel. Am besten sind Knetradiergummis; sie verschmieren nicht, sie hinterlassen keine Krümel und haben den Vorteil, dass man sie in jede erdenkliche Form bringen kann. Außerdem kann man herrlich darauf herum kneten, während man auf eine zündende Idee wartet.

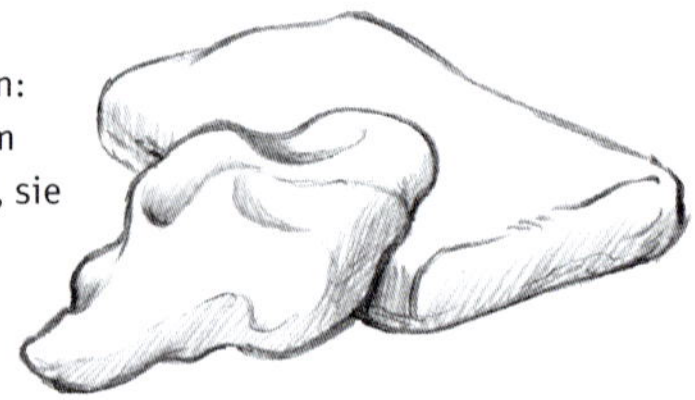

Bleistift

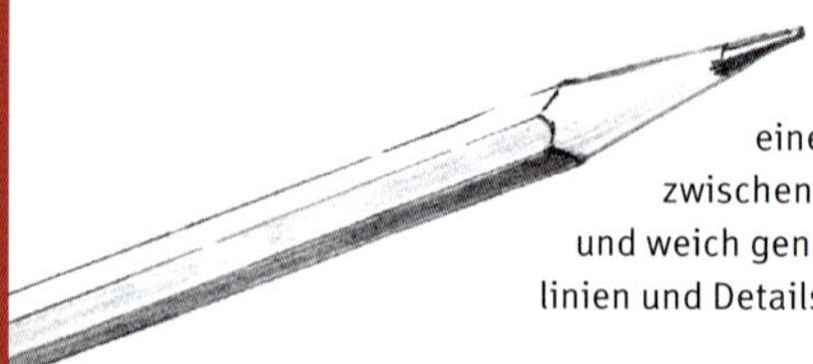

Bleistifte gibt es in verschiedenen Härtegraden. H-Bleistifte haben eine dünne Mine und sind hart, B-Bleistifte haben eine dicke Mine und zeichnen weich. HB-Stifte liegen in der Mitte zwischen hart und weich. Sie sind hart genug, um Linien zu zeichnen und weich genug zum Schraffieren, deshalb sind sie ideal für Skizzen, Hilfslinien und Details. Für dickere Linien nehmen Sie einen B2 oder B3.

Elektrischer Spitzer

Natürlich können Sie – fleißig, fleißig – Ihre Bleistifte von Hand spitzen. Aber mit einem luxuriösen, elektrischen Spitzer bekommen Sie Ihre Stifte fantastisch spitz. Setzen Sie ihn doch auf Ihre Wunschliste fürs Christkind.

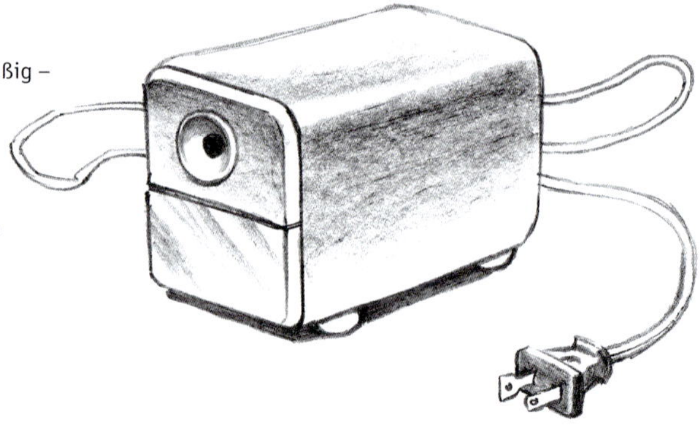

Federhalter

Mit Tinte und Feder werden Figuren besonders ausdrucksstark. Es gibt diese etwas altmodisch wirkenden Zeichengeräte mit unterschiedlichen Federn – von ganz fein bis weich. Kaufen Sie in jedem Fall zu Beginn Ihrer Karriere eine Feder mittlerer Stärke, da man sie am häufigsten verwenden kann. Nie die Feder im Tintenfass ertränken – immer nur die Spitze eintauchen! Durch mehr oder weniger Druck wird der Strich, den Sie zeichnen, dicker oder dünner. Es dauert, bis man richtig mit einem Federhalter zeichnen kann, machen Sie zu Beginn ein paar Übungs-Cartoons.

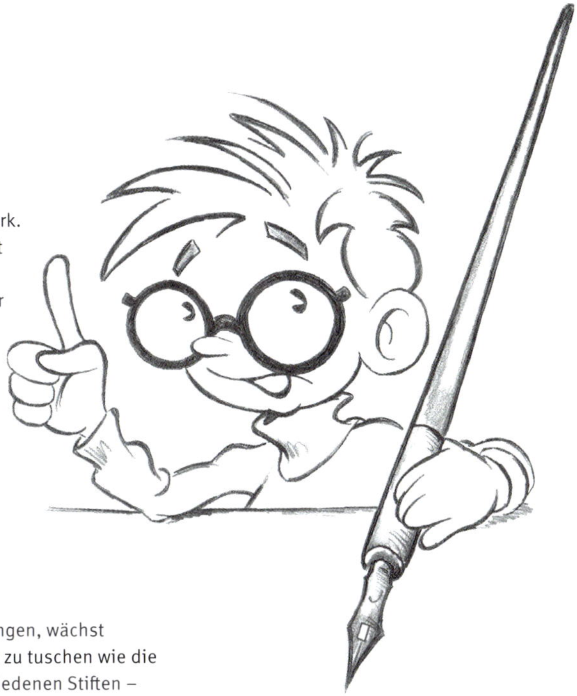

Tintenfass

Wenn Ihre Bleistift-Zeichnungen immer besser gelingen, wächst natürlich der Wunsch die Konturen ebenso schwarz zu tuschen wie die Profis. Dazu haben Sie die Auswahl an ganz verschiedenen Stiften – vom Filzstift über Füller und Federhalter bis zu exakt zeichnenden Minenschreibern. Jeder Cartoon-Zeichner findet irgendwann den Stift, der ihm am meisten liegt. Sie müssen nur ein wenig herum probieren.

Pinsel

Mit Pinsel und Tusche kann man ebenso feine und leichte wie dicke und dramatisch wirkende Striche ziehen. Es kommt ganz auf den Pinsel an und auf den Effekt, den Sie erzielen wollen. Mit dem Pinsel lassen sich auch größere Flächen einfärben. Kaufen Sie nur Pinsel von guter Qualität – am besten im Künstlerbedarf. Billigpinsel haben schon so manchen Zeichner in den Wahnsinn getrieben, weil sie Haare verlieren und klecksen.

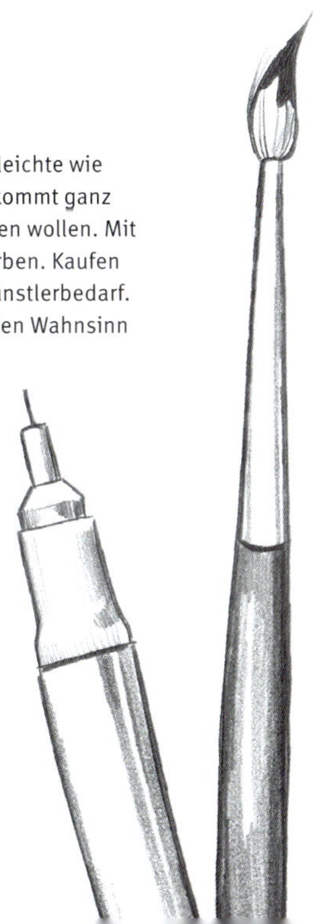

Minenstifte

Minenstifte, wie sie Architekten oder technische Zeichner verwenden, sind perfekt, wenn man sehr kontrolliert zeichnen will. Es gibt die Stifte in unterschiedlichsten Stärken, sodass Sie immer den richtigen zur Hand haben, wenn Sie ordentliche, saubere Striche zeichnen wollen, deren Konturen nicht flattern, oder wenn Sie sehr präzise Schraffuren setzen möchten.

Wählen Sie Ihr Zeichenmaterial am besten nach dem Wohlfühlprinzip aus: Welcher Stift liegt gut in der Hand? Womit können Sie flüssig zeichnen? Probieren Sie aus, ob Sie lieber mit Druck, eher schneller oder langsamer zeichnen oder ob Ihnen die schwungvollen Linien der Pinselstriche liegen.

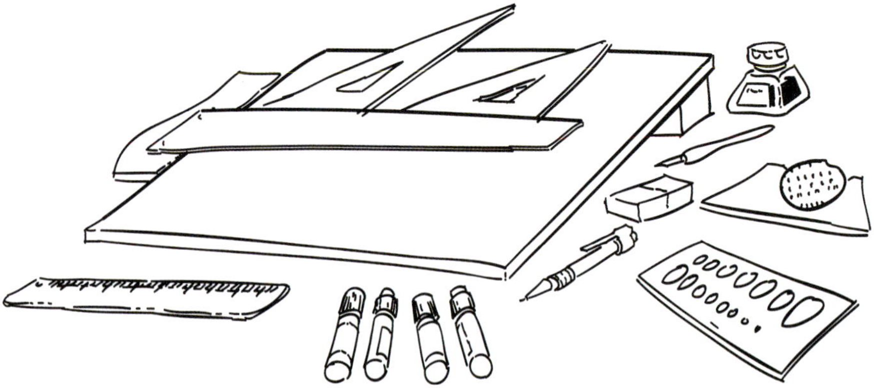

Marker

Viele Cartoonzeichner und Illustratoren arbeiten heute digital. Wer lieber traditionelle Materialien benutzt, sollte zum Kolorieren Marker probieren.

Schablonen & Lineal

Schablonen für Kreise, Ellipsen und Kurven sind im Fachhandel zu bekommen. Sie eignen sich hervorragend für Sprechblasen. Ein Lineal sollten Sie immer griffbereit haben. Zum Beschriften von Cartoons empfehlen sich eine Reißschiene mit Anschlag und verschiedene Zeichendreiecke.

Digitale Hilfsmittel

Professionelle Cartoons und Illustrationen entstehen heute meist am Computer. Selbstverständlich ist es auch möglich, mit Markern, Farbstiften oder Farbe und Pinsel großartige farbige Illustrationen zu erstellen. Wer den digitalen Weg ausprobieren will, braucht neben einem Computer und einem Scanner auch eine Bildbearbeitungssoftware, beispielsweise Adobe Photoshop® (siehe Seite 20 f.).

TIPPS

Feder, Fineliner und Pinsel

Cartoon-Zeichner verwenden häufig Feder oder Fineliner für feine Details und einen Pinsel für dickere Konturen oder zum Ausfüllen von Flächen.

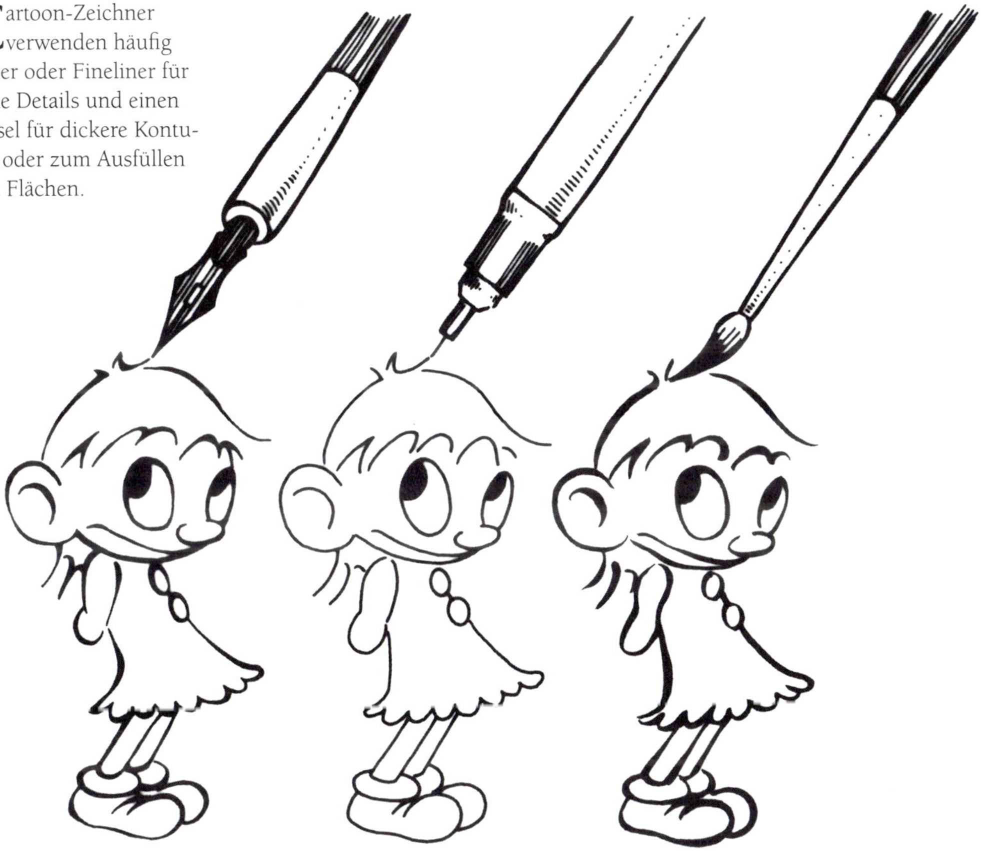

Mit Tusche und Feder entstehen ausdrucksvolle Striche.

Mit einem Fineliner zeichnen Sie gleichmäßig und exakt.

Pinselstriche wirken flüssig und »wie gemalt«.

Augen auf beim Papierkauf

Spielen Sie ein bisschen mit verschiedenen Papiersorten und anderem Material, auf dem man zeichnen kann, wie Karton. So finden Sie am schnellsten heraus, was Ihnen am meisten liegt. Zeichenpapier und Zeichenkarton gibt es mit rauer oder glatter Oberfläche, die stark beeinflussen, wie die Linie aussieht, die Sie zeichnen. Auf glatten Oberflächen werden die Linien gerade und sauber. Einen eher freien und künstlerischen Anstrich erhalten Ihre Zeichnungen auf rauem Papier. Wenn Sie schnell viele Ideen festhalten wollen, ist weißes Kopierpapier die beste Wahl. Manche Künstler zeichnen die Reinzeichnung eines neuen Charakters am liebsten auf Pauspapier. So ist es leicht, die Figur unter ein anderes Blatt zu legen und durchzupausen – dabei sieht man, ob man sie noch verändern muss: eine dickere Nase, eine andere Haltung oder einen Hut kann man so wunderbar ausprobieren, ohne den Charakter komplett neu zeichnen zu müssen.

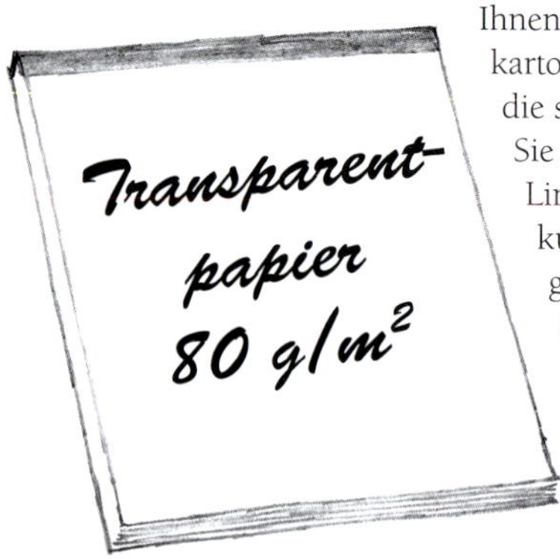

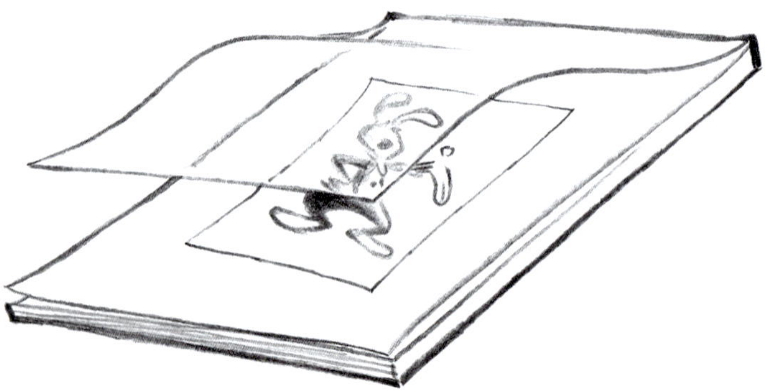

Festgehalten

Sie haben Ihre neue Figur auf Pauspapier gezeichnet, finden sie perfekt und wollen sie nun auf dickeres Papier übertragen, damit ihr nichts mehr passieren kann? Kein Problem. Zeichnen Sie die Umrisse auf dem Pauspapier schwarz ein. Dann machen Sie eine Fotokopie davon. Nun können Sie sogar noch mit Farben experimentieren.

Wie beim Zeichnen realistischer Motive ist es auch beim Comiczeichnen unumgänglich, regelmäßig zu üben. Schaffen Sie ein Skizzenbuch an und zeichnen Sie: Ihren Toaster, Ihre Mutter, Ihr Handy und Ihren Hund. Versuchen Sie zu Anfang möglichst realistisch zu zeichnen. Zum soliden zeichnerischen Grundwissen gehören außerdem Kenntnisse im Schattieren, in der Anatomie und der künstlerischen Perspektive – selbst wenn Sie später verrückte oder abstrakte Cartoons zeichnen wollen.

TIPPS

Die Extras

Je mehr Cartoons Sie zeichnen, desto mehr Hilfsmittel werden Sie nützlich finden. Eine gute Lampe leuchtet den Arbeitsplatz besser aus. Eine Papierschere schneidet Papier ganz leicht und glatt – vielleicht schneiden Sie auch lieber mit einem Cutter? Um Radiergummikrümel und andere Überbleibsel vom Papier zu putzen, eignet sich am besten ein kleiner Handbesen. Ein Geodreieck und ein T-Lineal sind unentbehrlich, wenn Sie anfangen, Ihre eigenen Cartoons zu layouten. Und mit einem Klebestreifen bleibt alles dort, wo Sie es haben wollen.

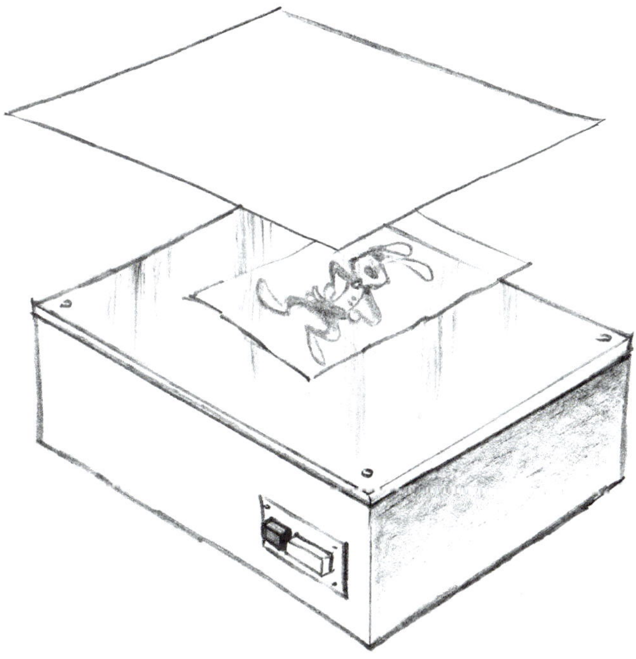

Spot on!

Ein Leuchttisch, wie ihn die Profis haben, bringt echte Vorteile: Wenn Sie alle Details aufgezeichnet haben, kleben Sie das Blatt auf den Leuchttisch. Dann legen Sie ein Blatt Zeichenpapier darüber, machen das Licht an, ziehen die Konturen schwarz nach – und schon haben Sie ein tolles Ergebnis.

Schwarz und Weiß

Schatten können die Form eines Objekts erkennbar machen oder eine Situation dramatisch wirken lassen.

Wenige Striche mit dem Stift oder Pinsel genügen, um Schatten darzustellen. Ihre Wirkung ist enorm, denn erst durch Schatten werden Volumen und Form eines Motivs erkennbar.

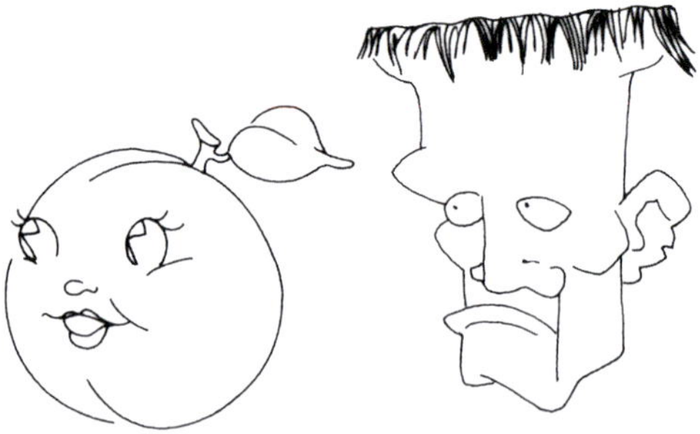

Das freche Früchtchen sieht in beiden Versionen niedlich aus. Die Kugelform kommt aber erst durch Schatten auf der Oberfläche, verstärkte Umrisslinien und den Schlagschatten zum Ausdruck.

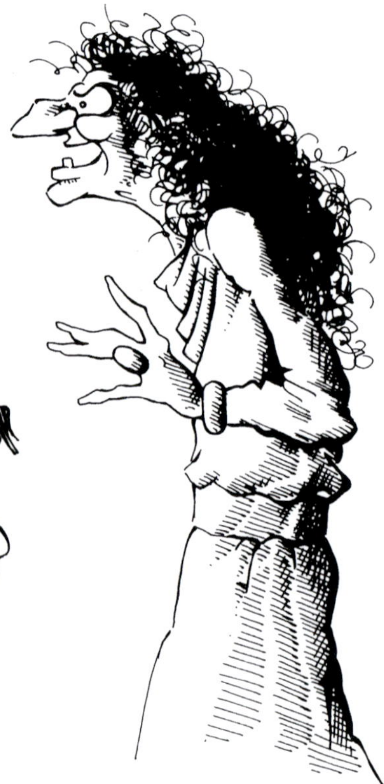

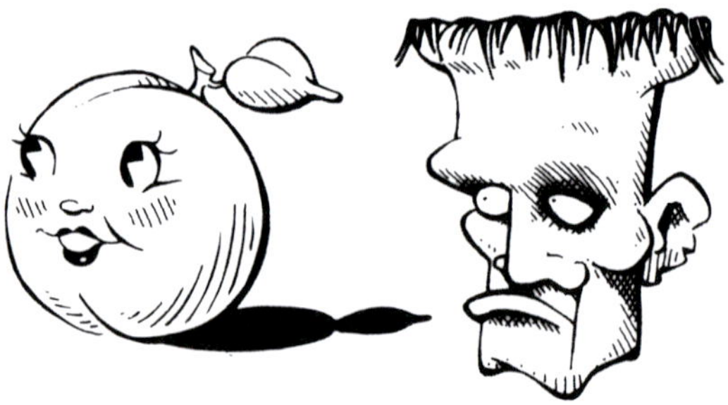

In alten Schwarzweißfilmen wird Atmosphäre vor allem durch den Einsatz von Licht und Schatten erzeugt. Dasselbe lässt sich zeichnerisch umsetzen. Düstere Schatten lassen Wangen und Augen dieses Monsters eingefallen wirken. So wirkt es viel bedrohlicher.

Die Vorderseite der Hexe wurde mit feinen Strichen gezeichnet, die Rückenseite mit viel dickeren. So wirkt sie gruseliger, und man erkennt, aus welcher Richtung das Licht einfällt.

TIPPS

3x Gerti

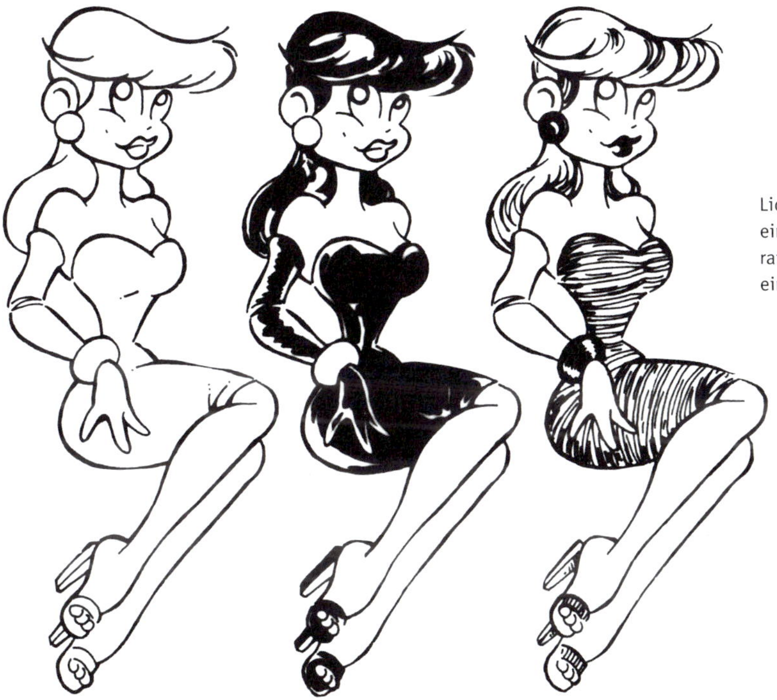

Licht und Schatten können eine Figur modellieren, dekorative Muster ergeben oder einen Blickfang hervorheben.

Die drei Beispiele zeigen drei sehr verschiedene Versionen derselben Figur – nennen wir sie Gertie – und das ganz ohne Farbe. Gertie 1 wirkt recht unschuldig. Die Zeichnung ist grafisch, die Kontur kräftig.

Gertie 2 wurde mit einem Pinsel in dramatischem Schwarz koloriert. Viele weiße Lichtreflexe zeigen, dass Kleidung und Haare glänzen.

Das lockere Muster des Kleids von Gertie 3 und die Struktur ihrer Haare wurden mit einem Fineliner mit dünnen, lockeren Strichen gezeichnet.

An der schwarzen Katze oben auf der Seite wird deutlich, dass schwarze Scribbles genügen können, um eine ganze Figur darzustellen.

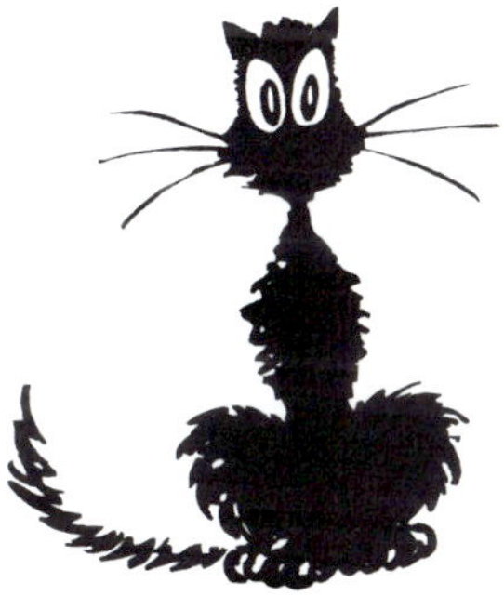

Formsache

Zeichnen hat sehr viel mit richtigem Sehen zu tun. Halten Sie sich vor Augen, dass alles, was Sie zeichnen möchten, egal ob Figuren oder Gegenstände, aus Grundformen besteht. Wenn es Ihnen gelingt, vor Ihrem inneren Auge diese Grundformen – Kreis, Dreieck, Rechteck, Linie und Punkt – zu erkennen, können Sie daraus Ihr Motiv aufbauen.

Fast alle Cartoon-Figuren lassen sich aus drei einfachen Grundformen konstruieren: Kreis, Quadrat und Dreieck. Jedes Motiv lässt sich in Variationen dieser drei Grundformen auflösen, und wenn man diese dann noch plastisch ausarbeitet, wirken die Motive geradezu dreidimensional. Experimentieren Sie mit verschiedenen Kombinationen der Grundformen!

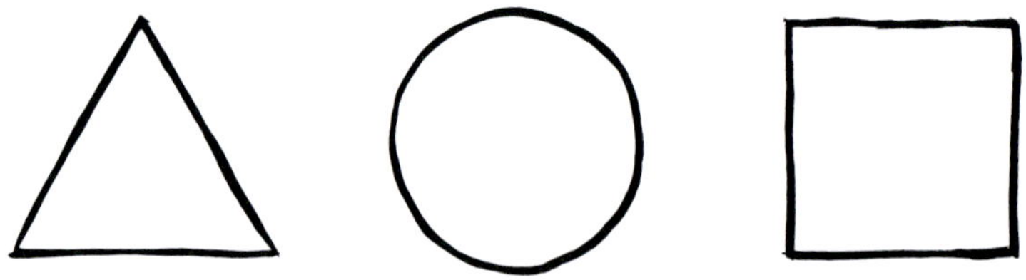

Drei Grundformen: Dreieck, **Kreis** und Quadrat sind die Grundbausteine aller Zeichnungen. Selbst die lebendigsten Motive bestehen eigentlich nur aus Variationen dieser Formen in verschiedenen Kombinationen.

3-D-Formen

Stellen Sie sich diese drei Grundformen als echte, dreidimensionale Objekte vor, die ein Volumen, ein Gewicht und eine räumliche Wirkung haben. Erst wenn Sie diese Formen dreidimensional ausarbeiten, werden Ihre Zeichnungen realistisch wirken. Dabei müssen die Regeln der zeichnerischen Perspektive angewandt werden.

Um die dreidimensionale Wirkung der Motive zu erzielen, ist es außerdem wichtig, die Objekte mit verschiedenen Graustufen oder Tonwerten zu schattieren. Die Motive sollen so aussehen, als könne man sie vom Papier nehmen und wegtragen.

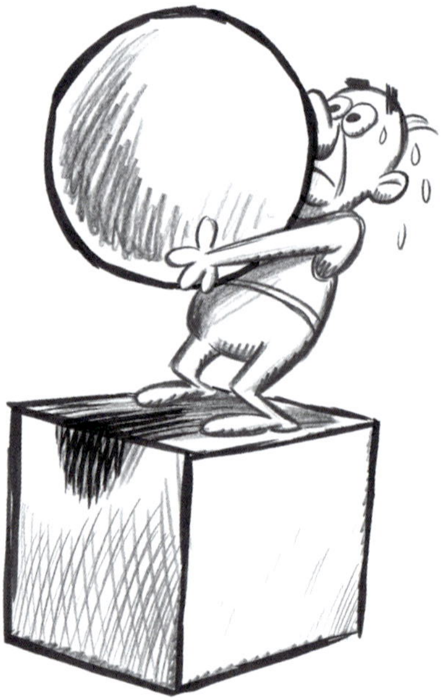

TIPPS

Zusammensetzen

Durch Zusammenfügen von zwei oder mehr Grundformen lassen sich die verschiedensten Motive entwickeln. Hier werden zwei Kugeln zur Bohne, zur Birne, zur Gurke oder zum Ei.

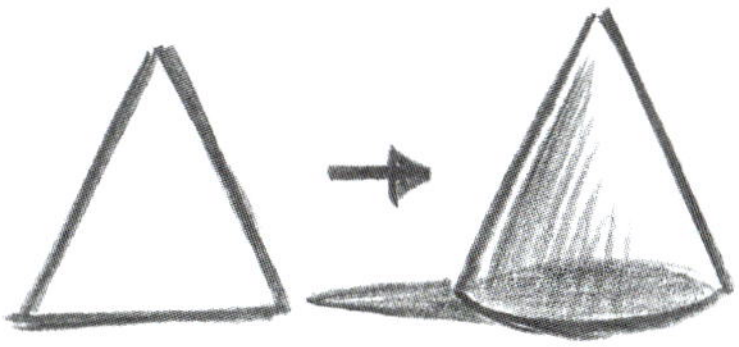

Dreieck wird Kegel

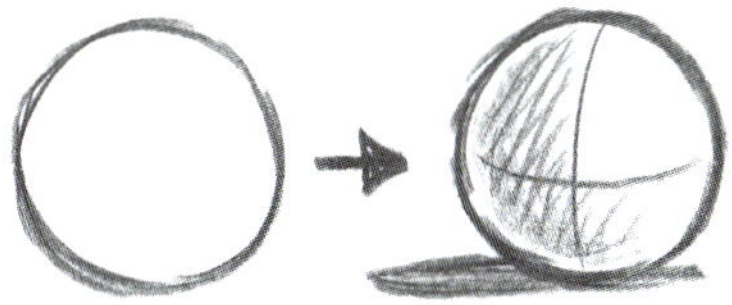

Kreis wird Kugel

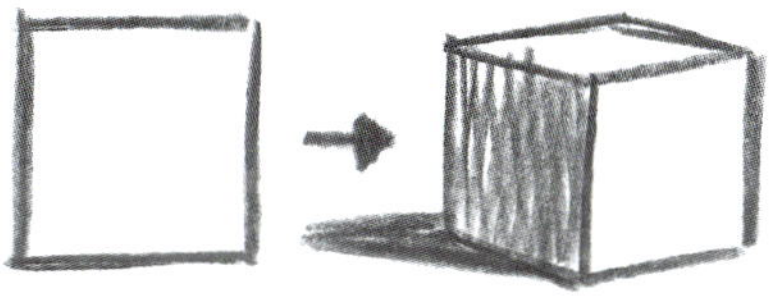

Quadrat wird Würfel

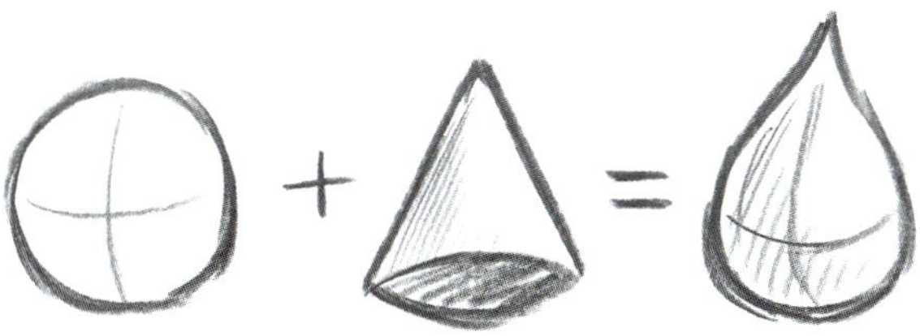

Kugel + Kegel = Tropfen

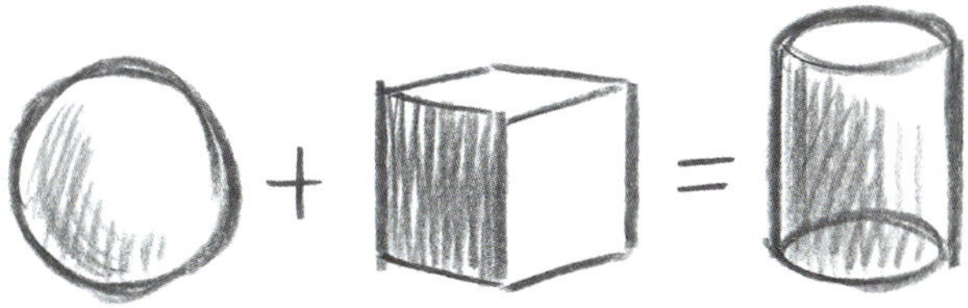

Kugel + Würfel = Zylinder

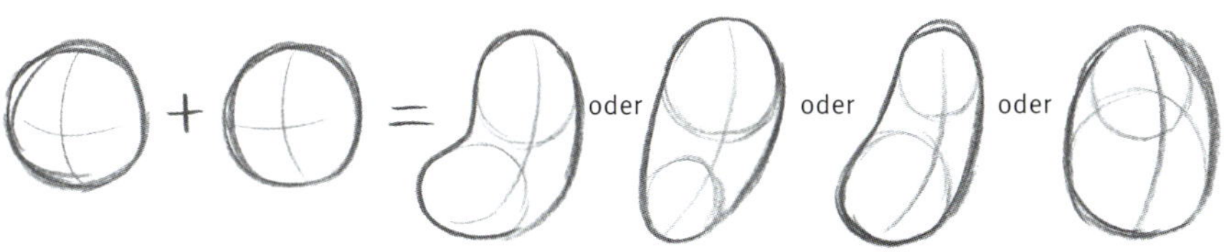

Vier wichtige Formen

Kugel (oder Ei), Tropfen, Bohne (oder Birne) und Zylinder sind die vier Formen, die im Cartoon besonders häufig zum Einsatz kommen. Aus einer Kugel können Kopf, Hände und Füße werden. Der Rumpf entsteht aus einer Bohnen- oder Tropfenform, Arme und Beine sind Zylinder. Man könnte den Cartoonzeichner mit Dr. Frankenstein vergleichen, der sein Monster auch aus verschiedenen Einzelteilen »gebaut« hat.

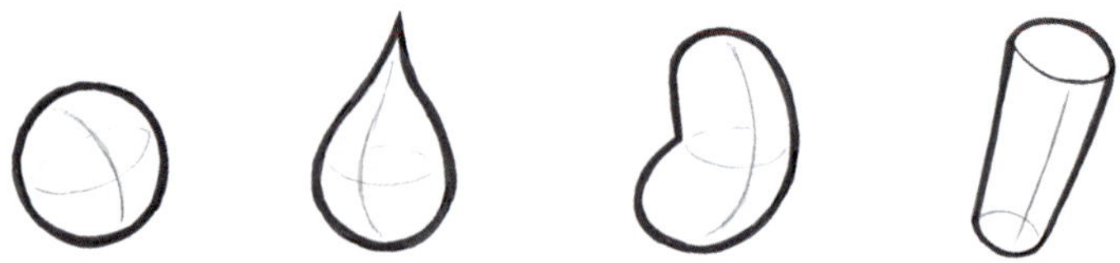

Kugel *Tropfen* *Bohne* *Zylinder*

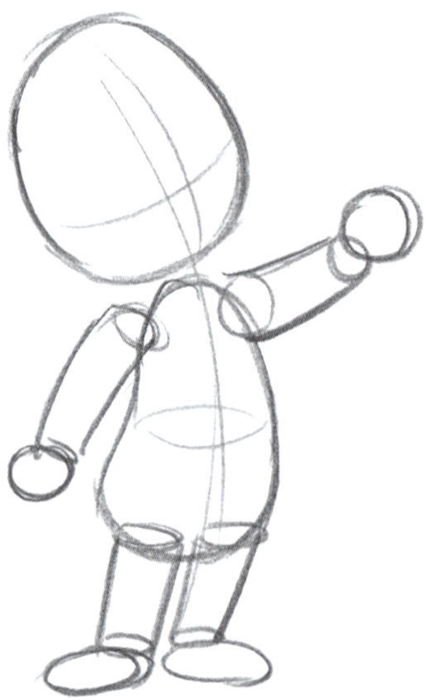

1 Für das Mädchen beginnen wir mit einem kugelförmigen Kopf und einem bohnenförmigen Rumpf. Arme und Beine sind Zylinder, die zu den Enden etwas schmaler werden. Hände und Füße werden zuerst als Kreise angedeutet. Hilfslinien sind nützlich, um die Haltung und die Gesichtszüge zu entwickeln.

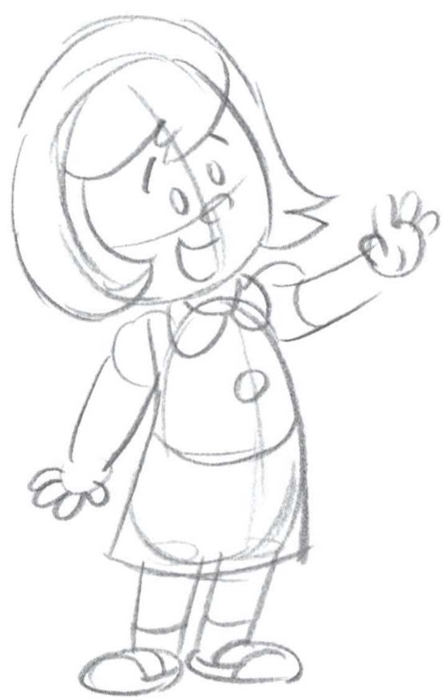

2 Wenn die Grundformen gezeichnet sind, können Haare, Gesicht, Kleidung und Hände angedeutet werden. Diese Elemente folgen den Wölbungen der verschiedenen Körperteile. Die Taille verläuft um den bohnenförmigen Rumpf herum, und die Ränder der Socken zeichnen die Rundung der zylindrischen Beine nach.

Der Anfang jeder Zeichnung besteht in der Reduktion des Körpers auf Grundformen und im Festhalten der richtigen Proportionen für Ihre Comicfigur. Das Zeichnen der Gelenke als Kugeln ist hier enorm hilfreich. Erst wenn der Grundaufbau steht, gehen Sie daran, Hände, Füße und eventuelle Accessoires auszuformen.

TIPPS

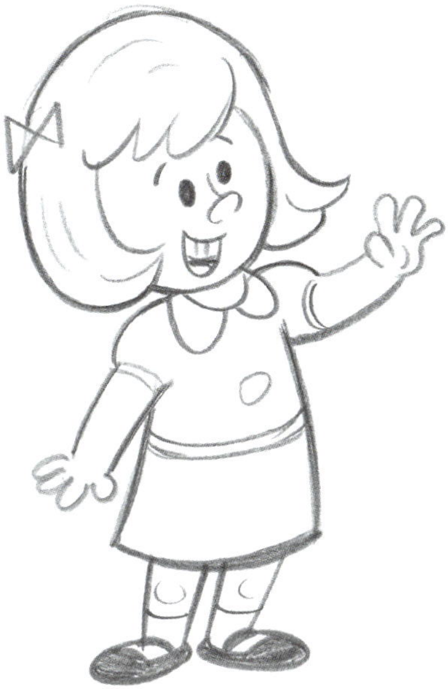

3 Die Hilfslinien vorsichtig mit einem Knetradiergummi ausradieren, dann die gewünschten Striche der Figur deutlicher nachzeichnen.

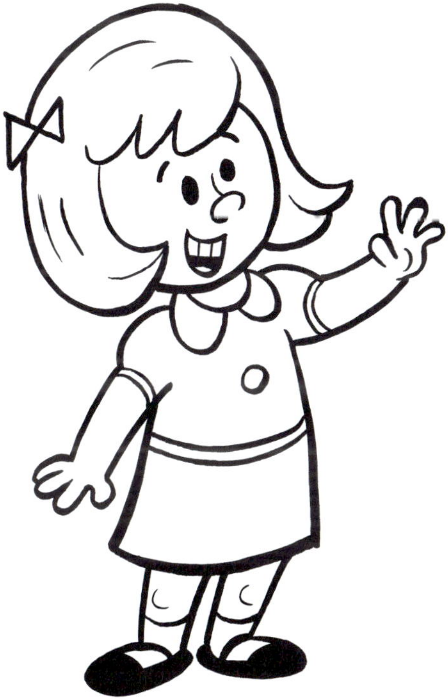

4 Alternativ kann das Motiv mit Tusche oder Fineliner nachgezeichnet werden.

Hals über Kopf

Man kann zwar überall zeichnen, aber wer viele Stunden damit verbringt, sollte sich einen aufgeräumten, gut ausgeleuchteten Platz einrichten, an dem alle Materialien griffbereit liegen und die Zeichnungen sicher verwahrt werden können.

TIPPS

Wo soll man anfangen? Natürlich am Anfang! Der Anfang einer gezeichneten Figur ist der Kopf. Er ist zwar grundsätzlich rund, kann aber viele Formvarianten aufweisen. Ein Kopf kann wie eine Kugel geformt sein, aber auch wie ein Ei, ein Tropfen, eine Birne, eine Bohne oder sogar ein Dreieck. Üben Sie verschiedene Köpfe und Kopfhaltungen zu zeichnen. Dann überlegen Sie, was am besten zu Ihrer Figur passt.

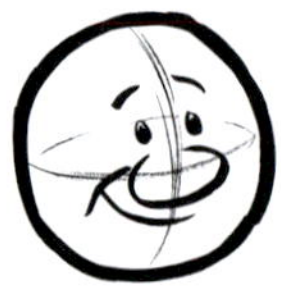

Kugelform

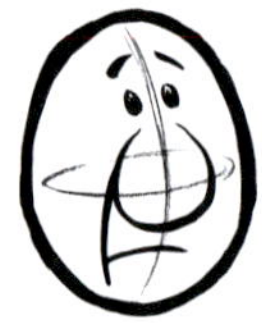

Eiform

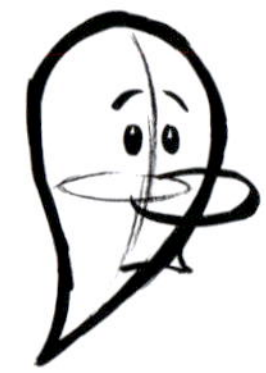

Tropfenform

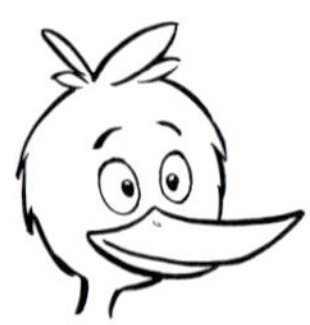

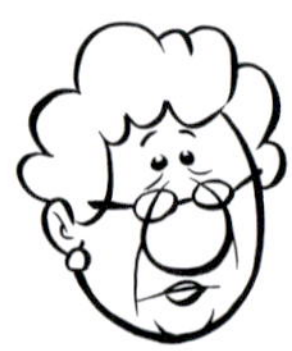

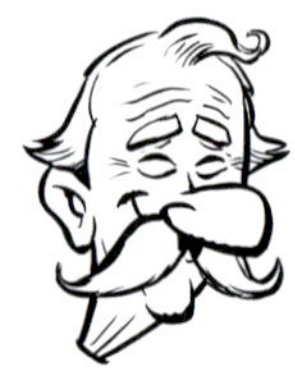

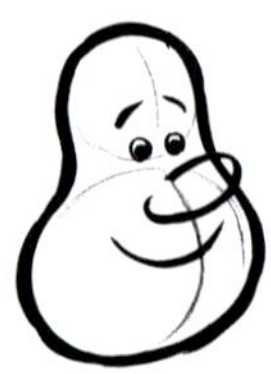

Birnenform

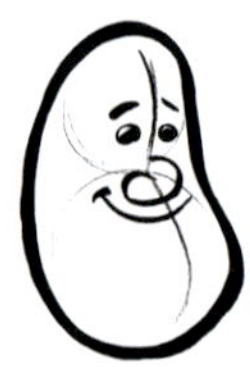

Bohnenform

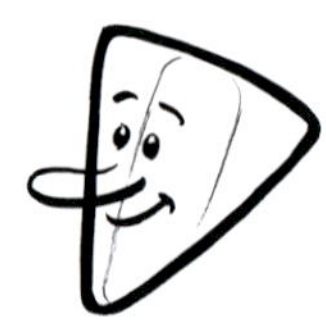

Dreiecksform

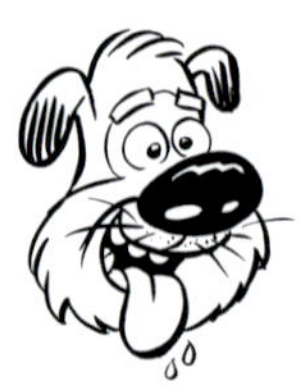

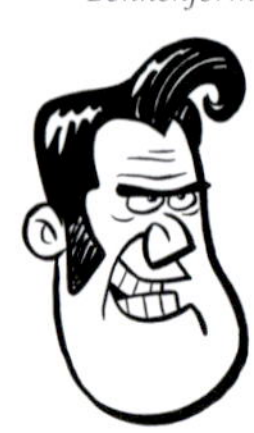

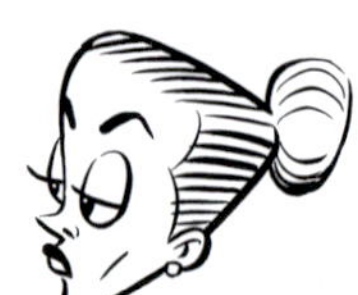

Grundformen ausarbeiten

Diese sechs Charakterköpfe wurden aus den einfachen Grundformen entwickelt. Die Kugelform wird zum niedlichen Vogel, die Eiform zur alten Dame, der umgekehrte Tropfen zum Großvater, die Birnenform zum Hund, die Bohnenform zum Elvis-Double und das Dreieck zum stylischen Model.

Formenspiele

Verfremdet man die Grundformen, ergeben sich unendlich viele Variationen für Cartoon-Köpfe. Können Sie in den hier abgebildeten Köpfen die ihnen zugrunde liegenden Formen erkennen?

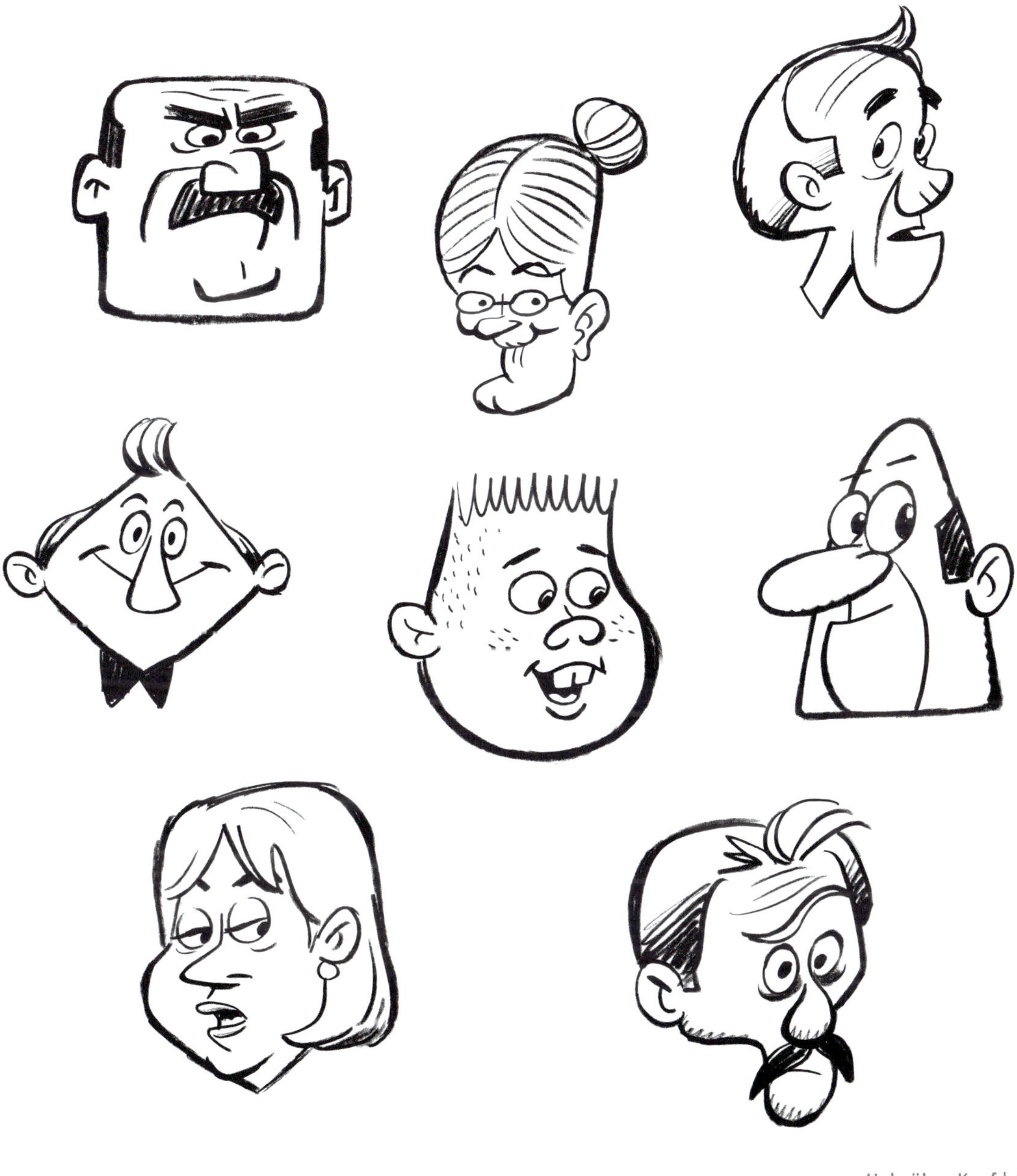

Gesichtszüge einzeichnen

In die Grundform des Gesichts werden zuerst senkrechte und waagerechte Hilfslinien eingezeichnet. Dadurch ist es einfacher, die Gesichtszüge korrekt zu platzieren. Die senkrechte Hilfslinie verläuft immer in der senkrechten Mitte des Gesichts. Die waagerechte können Sie nach Belieben dort platzieren, wo die Nase sitzen soll. An diesen beiden Linien und ihrem Kreuzungspunkt orientieren sich alle Details des Gesichts. Diese Gesichter sehen völlig verschieden aus, aber alle wurden aus den Hilfslinien entwickelt.

Möchten Sie einen Kopf im Halbprofil zeichnen, sollten Sie daran denken, dass alle Hilfslinien der Form des Kopfes entsprechend gebogen sind. Die Hilfslinien-Methode sollten Sie in Ihr zeichnerisches Repertoire aufnehmen, denn sie ist wirklich sehr nützlich, um die richtige Positionierung von Augen, Nase und Mund Ihres Charakters zu bestimmen.

TIPPS

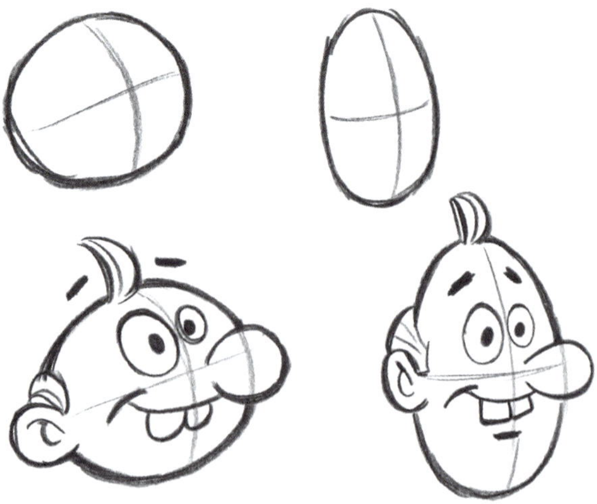

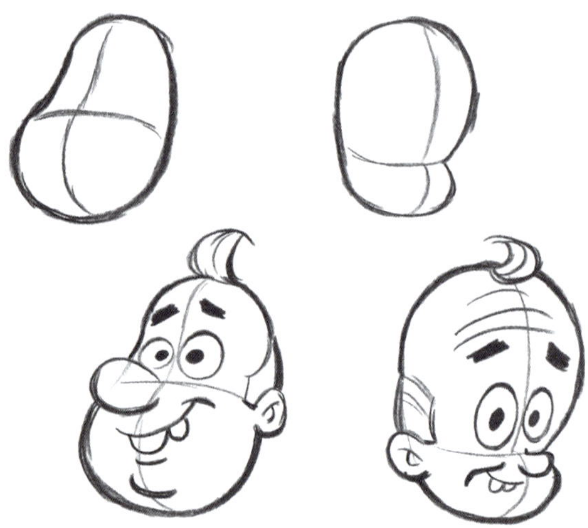

Proportionen im Cartoon

Bevor Sie Augen, Nase, Ohren und Mund einzeichnen, sollten Sie sich mit den Proportionen (Größenverhältnissen) eines durchschnittlichen Cartoon-Gesichts beschäftigen.

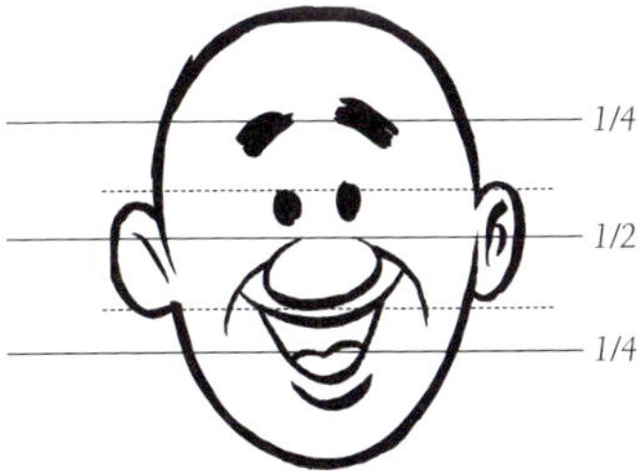

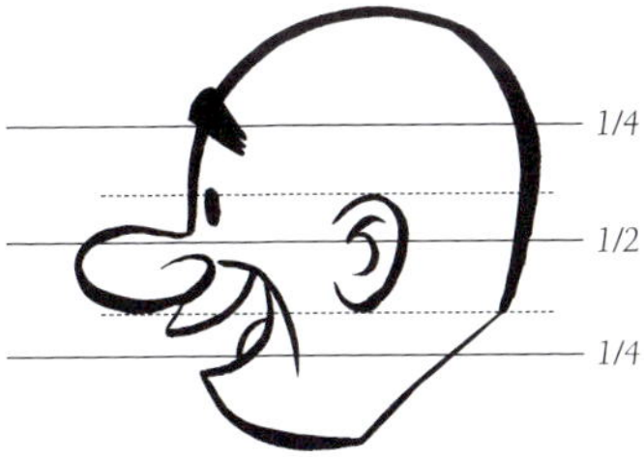

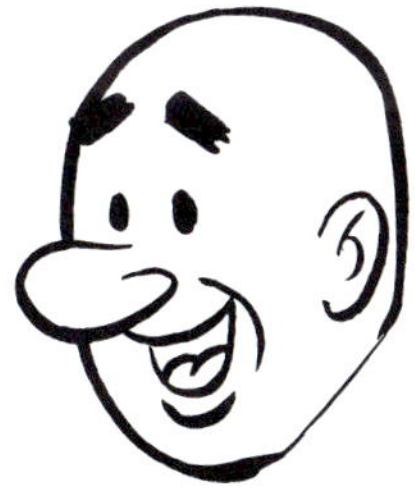

Frontalansicht Der obere Nasenrücken liegt in der Mitte des Gesichts, die Augen sitzen direkt darüber. Die Augenbrauen auf halber Höhe der Stirn einzeichnen. Die oberen Ohrmuscheln befinden sich auf gleicher Höhe mit den Augen, die Ohrläppchen liegen knapp unterhalb der Nasenhöhe. Der Mund liegt in der Mitte der unteren Gesichtshälfte.

Profil Egal, in welche Richtung der Kopf gedreht ist: Die Proportionen bleiben immer gleich. Um die Gesichtszüge richtig – und bei mehreren Darstellungen einer Figur gleichbleibend – zu platzieren, ist es darum ratsam, stets Hilfslinien einzuzeichnen.

Halbprofil Die Ansicht schräg von vorn ist besonders vielseitig und in Cartoons sehr häufig zu finden, weil Figuren den Betrachter selten direkt anschauen. Andererseits ist im Profil oft zu wenig vom Gesicht zu sehen. Auch in diesem Buch werden Sie viele Gesichter im Halbprofil entdecken.

Gesichtszüge verschieben

Verschiebt man die Gesichtszüge, verändert sich auch die Ausstrahlung des Gesichts.

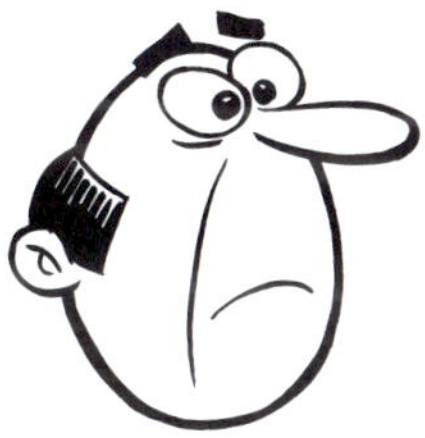

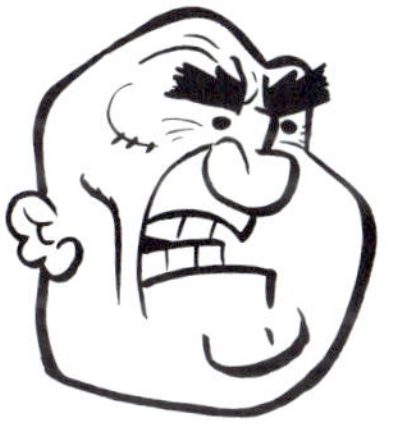

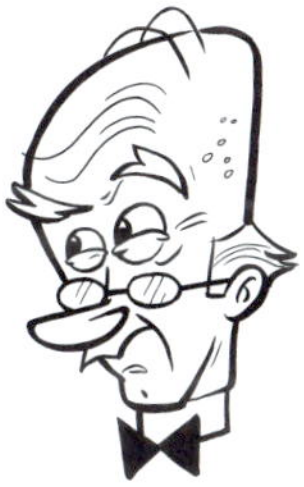

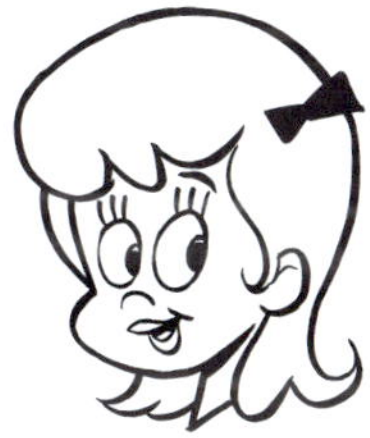

Besorgt Augen und Nase liegen sehr hoch am Kopf. Dadurch bleibt nur wenig Platz für das Gehirn, was nicht für Klugheit spricht. Der Mund sitzt wesentlich tiefer.

Ruppig Auch dieser Typ hat einen kleinen Oberkopf, aber ein großes, fleischiges Gesicht. Dadurch wirkt er wie ein Schlägertyp, der mehr Muskeln als Verstand hat.

Gelehrt Der Eierkopf ist das Gegenteil seines linken Nachbarn. Die übergroße Stirn und das kleine Kinn legen nahe, dass er Forscher oder Professor sein könnte.

Niedlich Stirn und Augen sind im Verhältnis zu Mund und Nase sehr groß. Dieses »Kindchenschema« sorgt für die niedliche Wirkung des Gesichts.

Gesichter im Detail

Das Gesicht ist das wichtigste Element einer Figur, denn es sagt am meisten über die Persönlichkeit aus. Schwere Augenlider, ein fliehendes Kinn, große Segelohren oder ein breites Grinsen mit großen Zähnen verraten dem Betrachter viel über den Typ der Figur und die Stimmung. Üben Sie, von allen Elementen des Gesichts verschiedene Variationen zu zeichnen – große und kleine Augen, runde und spitze Ohren, schmale und wulstige Lippen, Knollennasen und spitze Nasen. Denken Sie auch an Zubehör!

Schaut her!

Cartoon-Augen können ganz verschiedene Formen haben: hoch und flach, aufgerissen oder zugekniffen, asymmetrisch oder nur als Punkte dargestellt. Auch die Form der Augenbrauen sagt einiges über eine Figur aus. Sie können beispielsweise buschig oder dünn sein, gerade oder gekrümmt.

Augen-Variationen

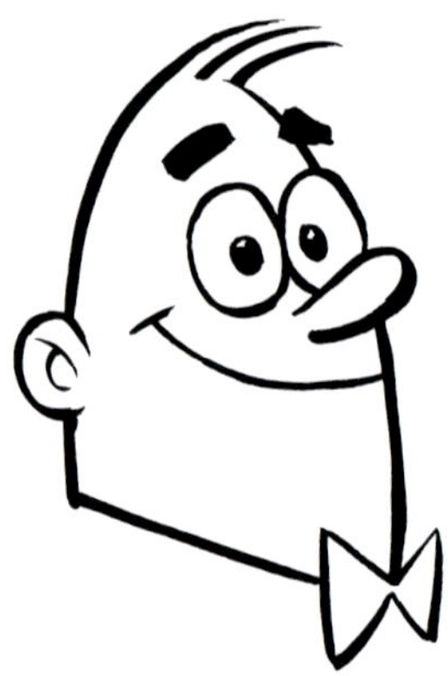

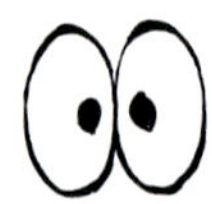

Weit aufgerissen

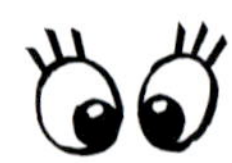

Augen mit Wimpern und Lichtreflexen

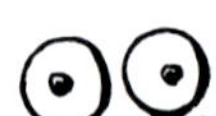

Müde Augen

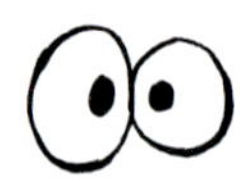

Asymmetrische Augen

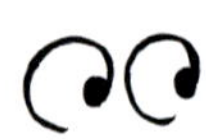

Unvollständige Kreise

Punkte

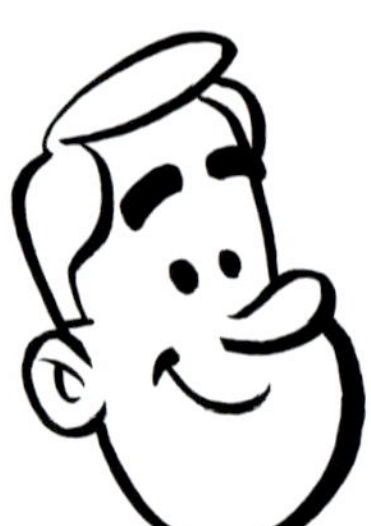

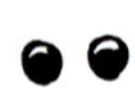

Punkte mit gekrümmten Lichtreflexen

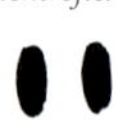

Aufrechte Punkte

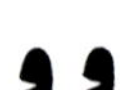

Punkte mit keilförmigen Lichtreflexen

Halbkreise

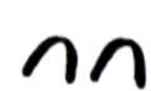

Vergnügte Augen

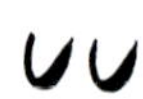

Geschlossene Augen

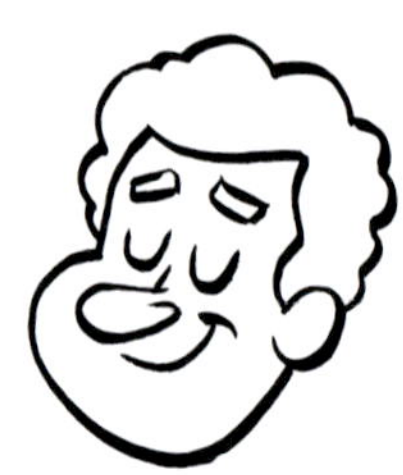

Augen vermitteln Stimmungen und Emotionen nach außen und sind deshalb ein wichtiger Bestandteil jeden Gesichts. Für den Comic-Zeichner gibt es eine riesige Bandbreite an Augenformen, auf die zurückgegriffen werden kann, um seiner Figur Ausdruck zu verleihen. Wichtig: Vergessen Sie nicht den kleinen Lichtreflex in der Pupille, er macht die Augen lebendig.

TIPPS

Ohren aufsperren

Realistische Ohren sind in der Cartoon-Welt nicht gefragt, stattdessen werden sie vereinfacht. Das Ohr eines Babys ist klein und kaum mehr als ein einfacher Bogen. Das Ohr eines Erwachsenen ist größer und detailliert ausgearbeitet (für einen Greis zum Beispiel mit Härchen). Ein harter Kerl kann verknitterte Ohren haben, eine Frau kann Ohrringe tragen. Aliens und Elfen haben spitze Ohren.

Ohren-Variationen

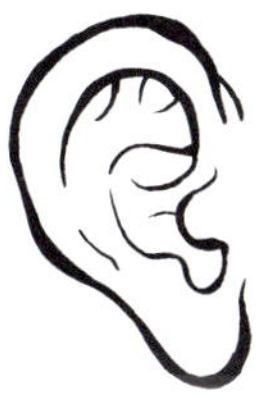

Realistisches Ohr

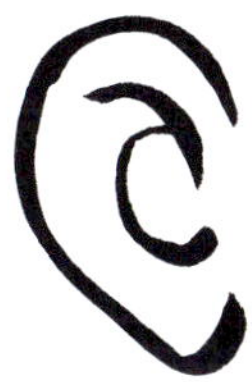

Vereinfachtes Ohr

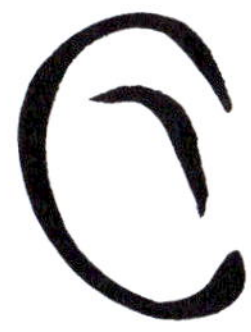

Stärker vereinfacht

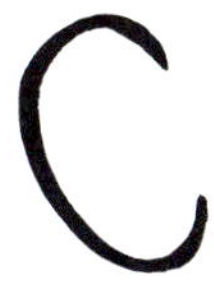

Extrem vereinfacht

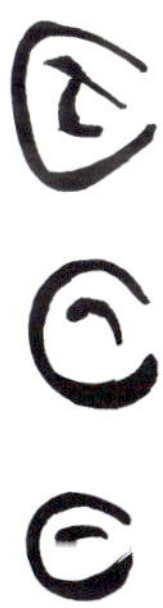

Vereinfachtes Ohr – Varianten

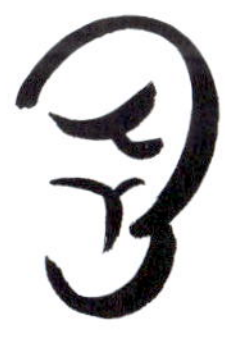

Verknittertes Ohr

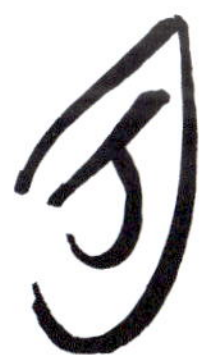

Alien-Ohr

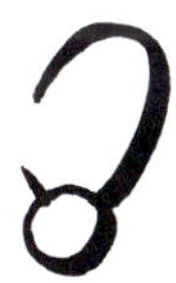

Frauenohr

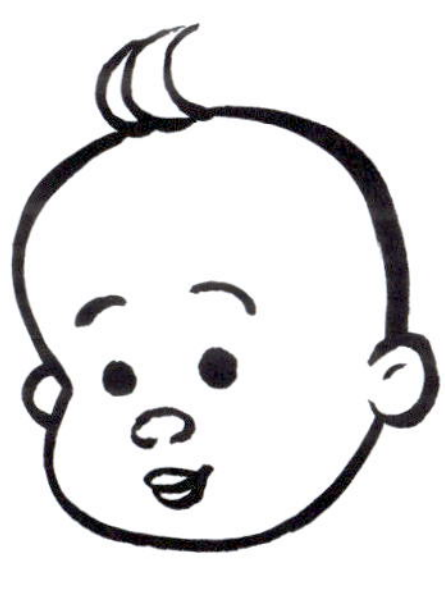

Baby-Ohren

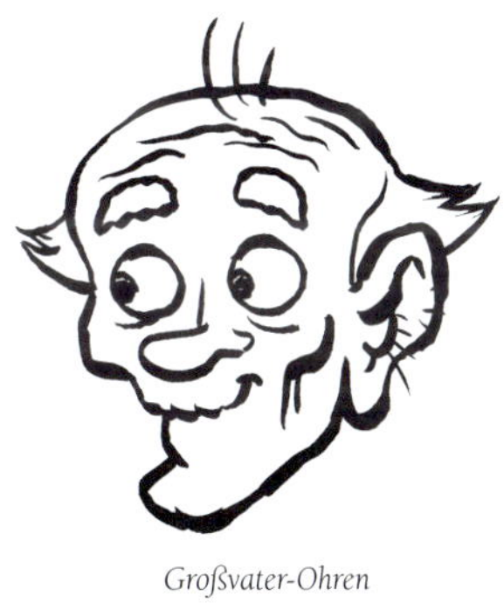

Großvater-Ohren

Der Nase nach

Die Nase kann ein wichtiges Erkennungszeichen einer Figur sein. Gerade im Cartoon darf bei der Nase gern übertrieben werden. Experimentieren Sie mit vielen verschiedenen Formen, von vorn und auch im Profil. Sie werden den Bogen bald heraushaben.

In der Comic-Welt sind Nase und Mund wichtige Elemente in Bezug auf die Mimik. Besonders Nasen entwickeln sich oft zum Hauptmerkmal einer Figur, deshalb darf bei ihrer Gestaltung gern übertrieben werden. Üben Sie zunächst, Nasenformen mit einfachen Formen wie Strichen, Kreisen oder Haken wiederzugeben.

TIPPS

Nasen-Varianten

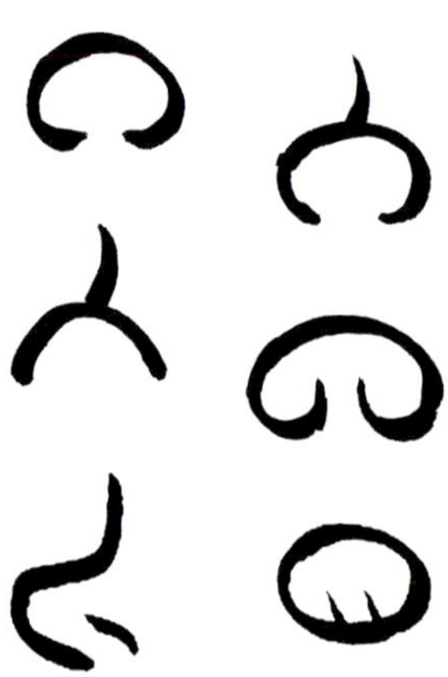

Kleine Nasen

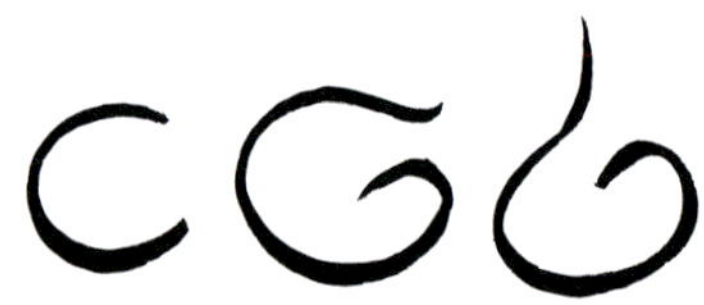

Runde Nasen

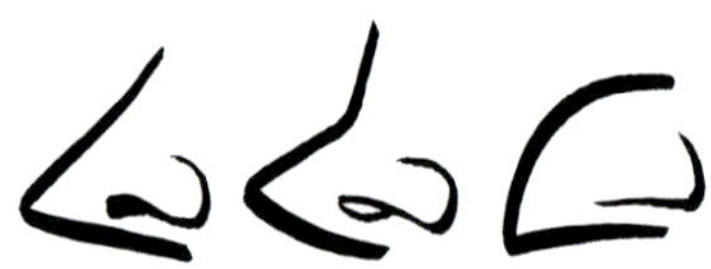

Spitze Nasen

Markante Nasen

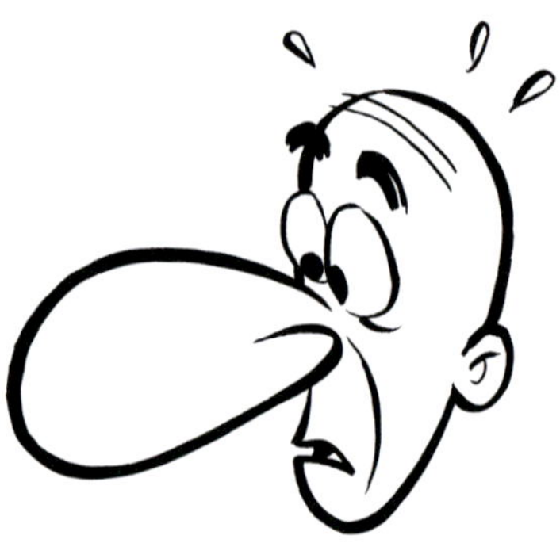

Knollennasen

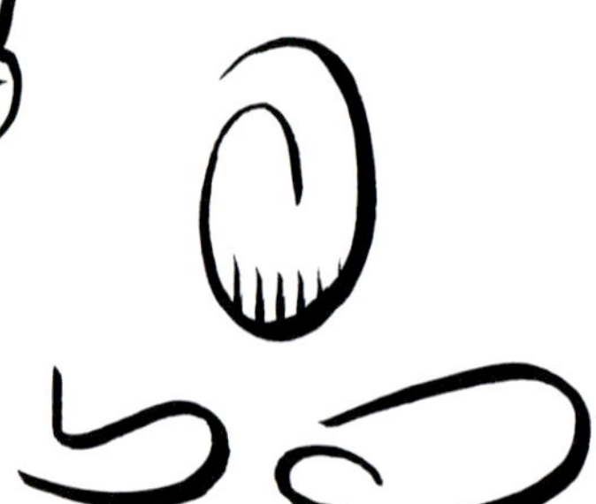

Mund und Kinn

Auch Mund und Kinn spielen für die Wirkung eines Gesichts eine wichtige Rolle. Der Mund kann erschrocken oder überrascht aufgerissen sein, er kann hämisch grinsen, aber auch zornig verkniffen aussehen. Manche Münder werden innerhalb der Gesichtskontur gezeichnet, andere ragen über sie hinaus. Die Stellung von Ober- und Unterkiefer sowie die Form und Größe des Kinns tragen ebenfalls zur Ausstrahlung einer Figur bei.

Mund im Profil

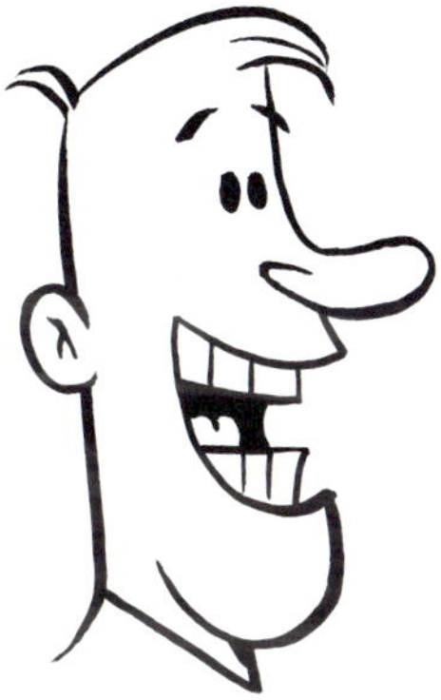

Lachend

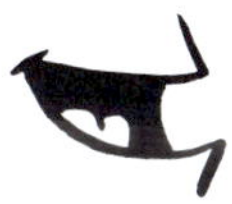

Lächelnd

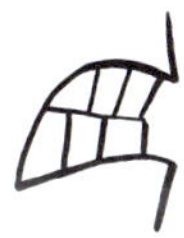

Wütend

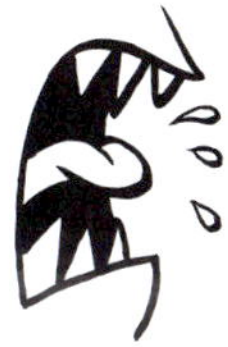

Schreiend

Mund in der Gesichtsfläche

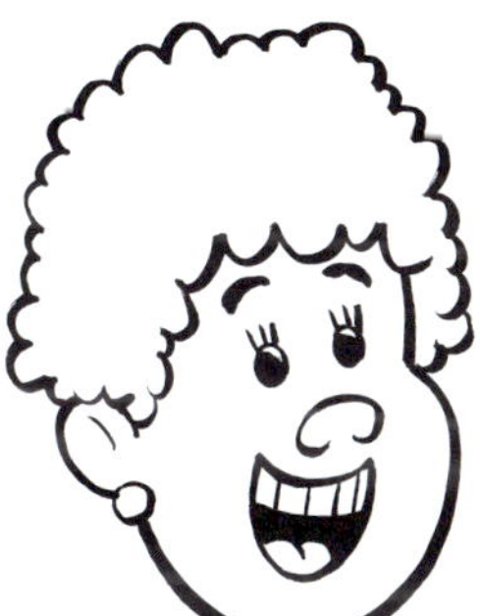

Lauthals lachend

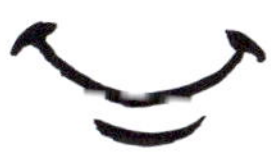

Schmunzelnd

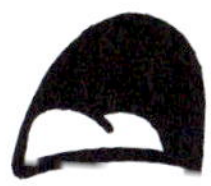

Erschrocken

Lachend

Lächelnd

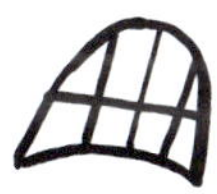

Zornig

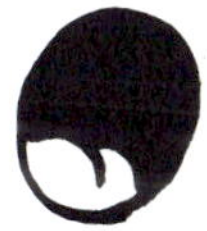

Überrascht

Kinn-Variationen

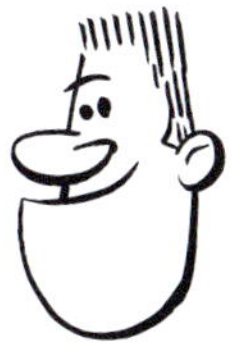

Unterbiss

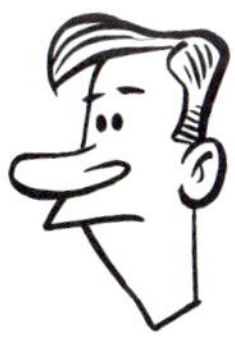

Überbiss

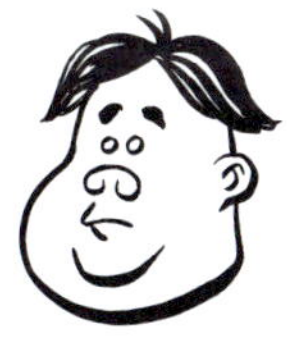

Doppelkinn

Kombinieren

Kaufen oder leihen Sie sich zur Inspiration gezielt Comic- und Cartoonhefte, suchen Sie aber auch nach Lehrbüchern oder Bildbänden über Cartoon, Animation oder Zeichnen. Sammeln Sie außerdem Fotos oder Zeitungsausschnitte, die Ihnen auffallen – eines Tages können Sie sie sicher gebrauchen.

TIPPS

Um genau das gewünschte Gesicht darzustellen, müssen verschiedene Gesichtszüge kombiniert werden. Augen, Nase, Mund und Ohren müssen zu der Gesamtwirkung beitragen. Dabei ist Übertreibung nicht nur erlaubt, sondern ausdrücklich erwünscht!

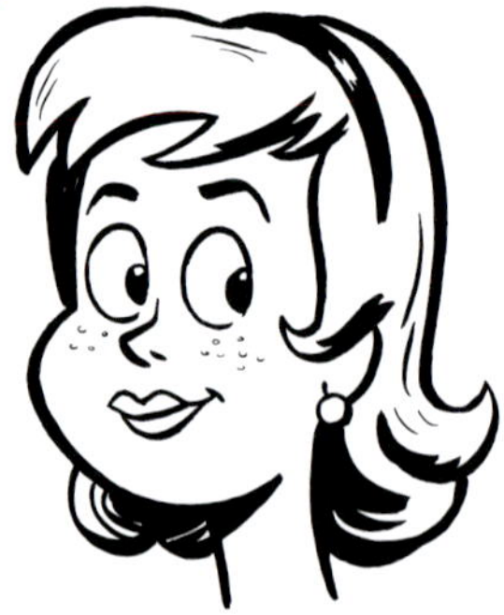

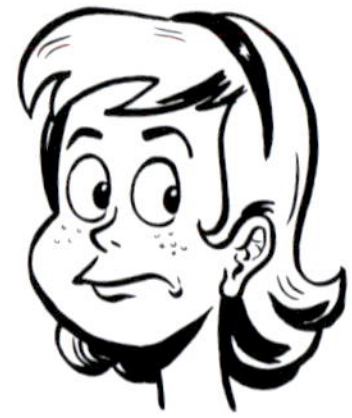

Die Nette Das »Mädchen von nebenan« hat ein relativ einfaches Gesicht. Hat sie statt des lächelnden Munds einen Überbiss, sieht sie nicht halb so nett aus. Zu detailliert ausgearbeitete Ohren lenken von den großen Augen und dem Lächeln ab.

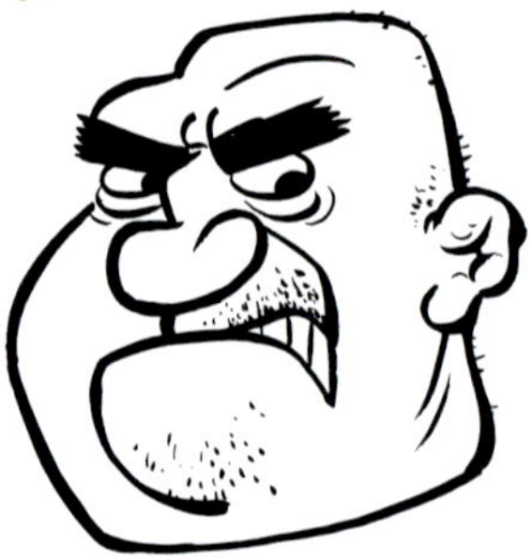

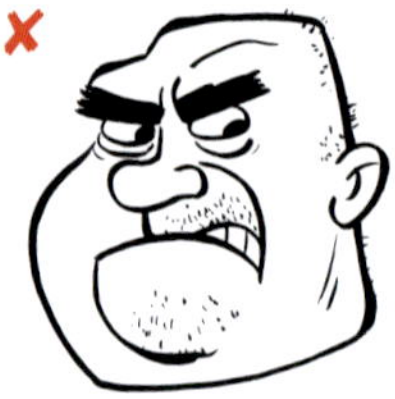

Der harte Kerl Hier müssen alle Elemente den Gesamteindruck des brutalen Typs unterstreichen. Hätte er statt der gebrochenen Nase eine glatte und statt des zerknitterten Ohrs ein weich gerundetes, entstünden Widersprüche in der Wirkung.

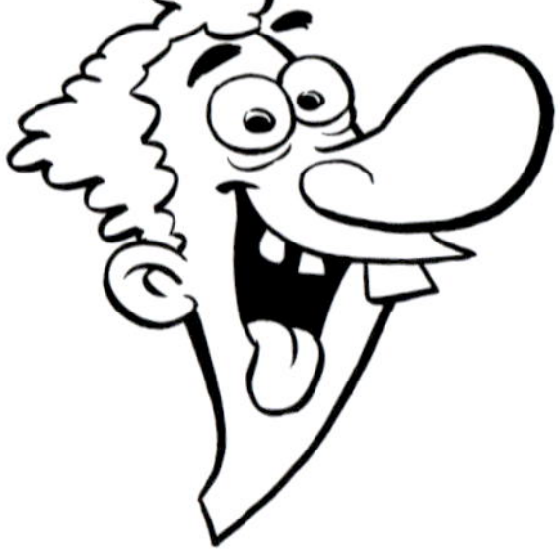

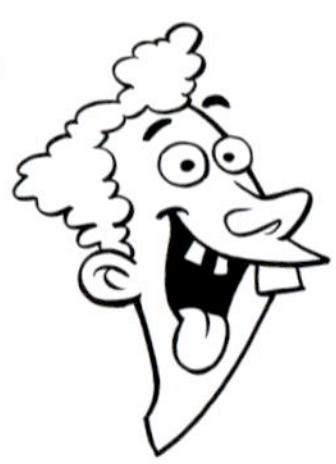

Der schräge Vogel Große Glotzaugen, eine Gurkennase und ein aufgerissener Mund verraten, was dies für ein Typ ist. Wären Augen und Nase kleiner und weniger übertrieben, ginge ein großer Teil seiner clownshaften Wirkung verloren.

Stretch und quetsch

Zum ganz normalen Alltag einer Comic-Figur gehört es, ins All geschossen zu werden, einem Monster gegenüber zu stehen oder sich in einer anderen extremen Situation wiederzufinden, die extreme Emotionen hervorruft. Zeichnerisch können Sie jede Situation beherrschen, wenn Sie sich vorstellen, dass der Kopf Ihrer Figur wie ein weicher Ball in jede beliebige Form gebracht werden kann. Quetschen Sie ihn zusammen, machen Sie ihn ganz lang und dünn – drücken Sie ihn einfach in die Form, die Sie momentan brauchen. Nur keine Angst, dass es übertrieben wirken könnte. Das soll es doch!

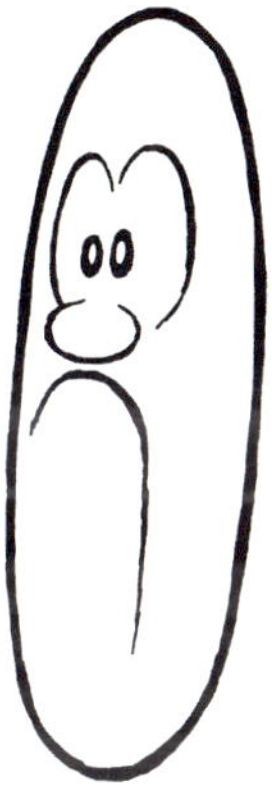

seitlich zusammen-drücken

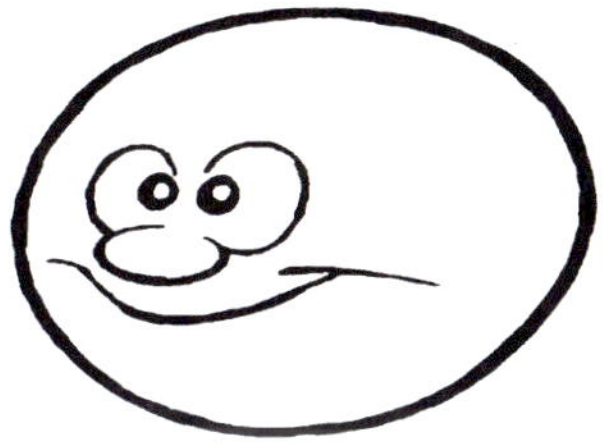

etwas zusammenquetschen

Lassen Sie sich nicht zu sehr auf Details ein. Das Gesicht einer Comic-Figur ist als Erstes ein Umriss. Am Ball links können Sie sehen, wie sich Augen und Mund verändern, wenn man ein bisschen mit ihm spielt.

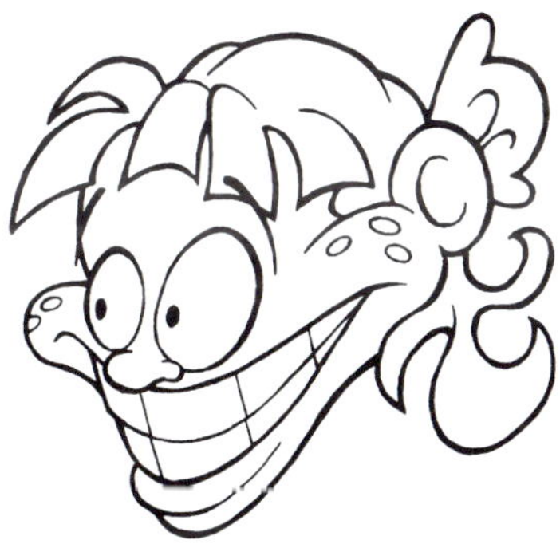

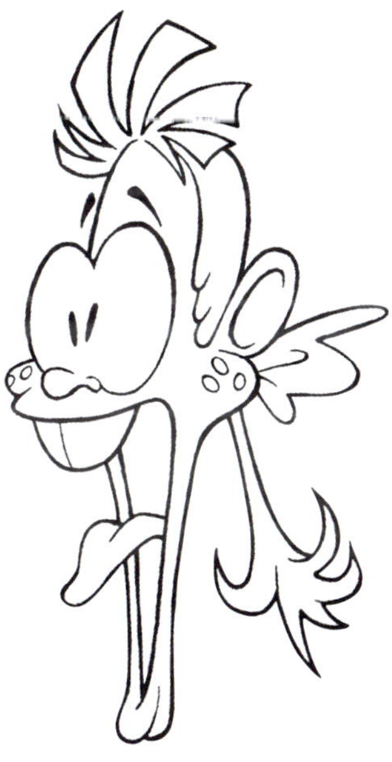

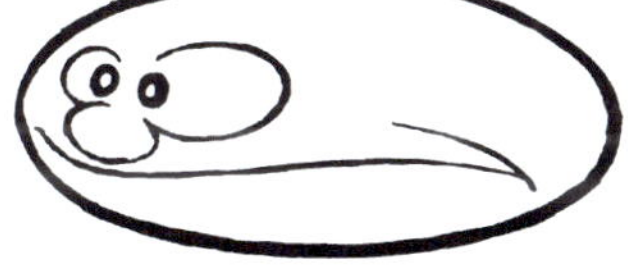

platt machen

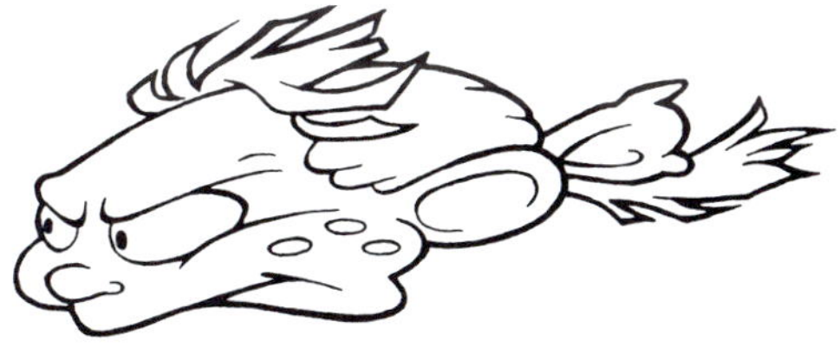

In der Comic-Welt spielen Gefühle eine große Rolle. Über Körpersprache und Mimik werden extreme Emotionen wie überschäumende Freude oder explosive Wut transportiert – natürlich auch deren vielfältige Zwischentöne. Um sich klarzumachen, was im Gesicht bei den verschiedensten Gesichtsausdrücken passiert, können Sie sich selbst Modell stehen: Ein Spiegel als Studienobjekt genügt.

TIPPS

Jede Menge Gefühle

Wie fühlt sich Ihre Cartoon-Figur gerade? Ist sie glücklich? Durcheinander? Kocht sie vor Wut? Was auch immer in der Figur vorgeht – das Gesicht muss es überdeutlich zeigen! Am besten, Sie stellen sich einmal vor den Spiegel und ziehen alle Register. Schneiden Sie Grimassen, übertreiben Sie und gucken Sie dabei genau hin, wie Ihr Gesicht arbeitet, wenn Sie laut schreien, sich vor Wut die Haare raufen oder in wildes Gelächter ausbrechen: Ihre Augenbrauen verziehen sich, die Augen verschwinden manchmal fast, die Lippen kräuseln sich, werfen sich auf …

Den Raum erobern

Um ein Gesicht aus allen Blickwinkeln zeichnen zu können, müssen Sie sich vorstellen, dass es wie ein Globus ist, der sich frei im Raum bewegt. Zeichnen Sie das ganze Gesicht als gewölbte Form mit gebogenen Hilfslinien, denn dann ist es leicht, die Gesichtszüge in jeder Lage richtig zu positionieren. So gelingt Ihnen der schnelle Blick aus dem Augenwinkel ebenso wie die hochgetragene Nase. Und nie sieht eine Ihrer Figuren langweilig und platt aus.

Die Augen liegen immer auf der waagerechten Hilfslinie. Beim Blick nach oben kann der Betrachter die Nasenlöcher sehen und das Kinn schiebt sich ins Blickfeld.

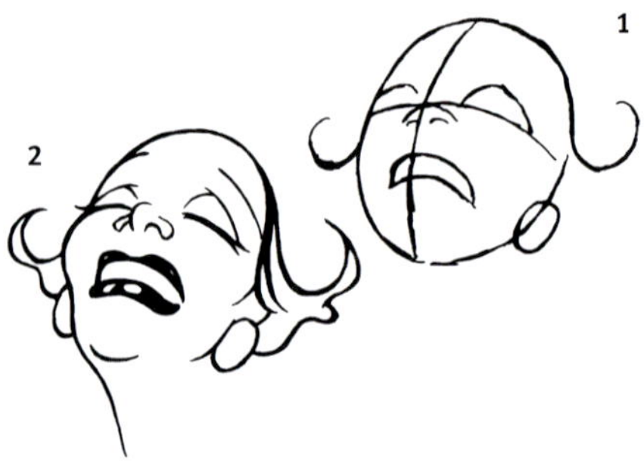

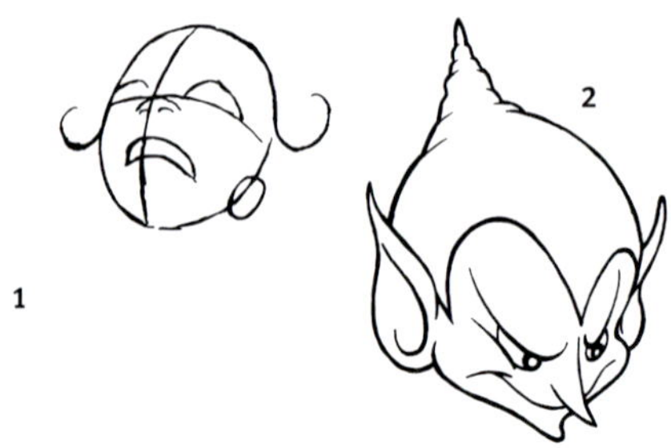

Beim Blick nach unten rutscht die Hilfslinie nach unten. Dadurch wird die Stirn länger und das Kinn klein.

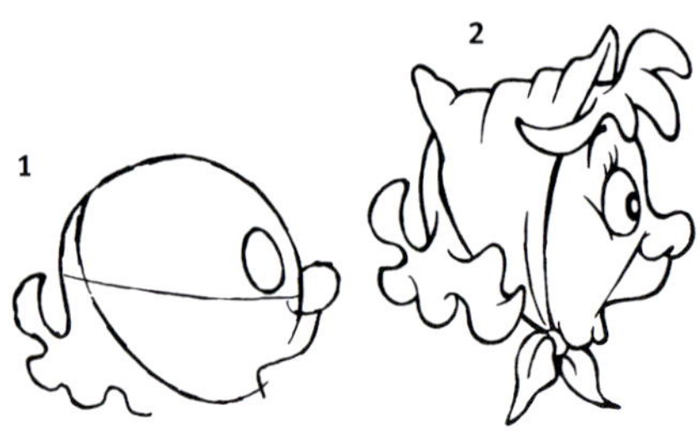

Beim Blick nach unten rutscht die Hilfslinie nach unten. Dadurch wird die Stirn länger und das Kinn klein.

Lebendigkeit und Emotion

Diese Figur, nennen wir sie George, mag nicht viel Gehirn haben, aber er besitzt viele Gefühle. Diese lassen sich wunderbar in seinem großen Gesicht mit den großen Augen, beweglichen Augenbrauen und beweglichem Mund darstellen. Ist George glücklich, strahlt er übers ganze Gesicht, überrascht man ihn, schießen seine Augenbrauen in die Höhe. Zeichnen Sie diese unterschiedlichen Emotionen mit einer einfachen eigenen Figur nach.

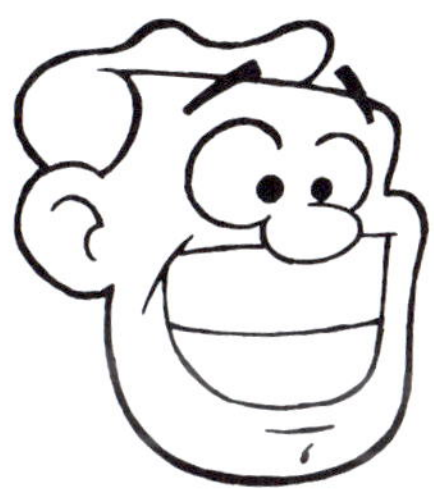

glücklich

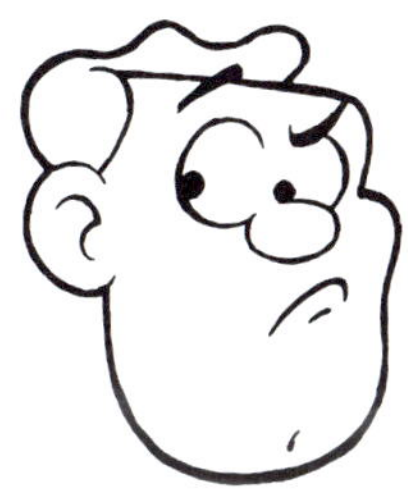

skeptisch

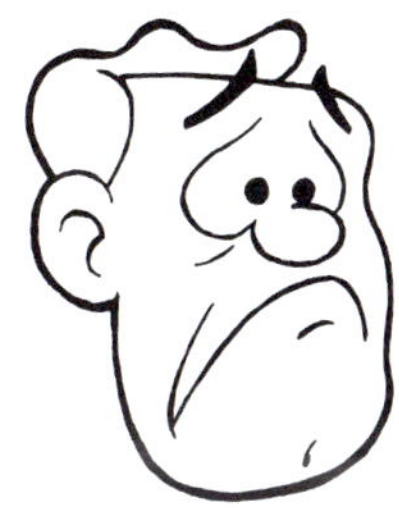

enttäuscht

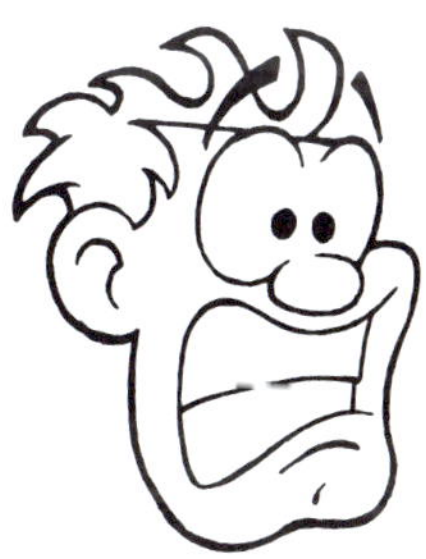

tief erschrocken

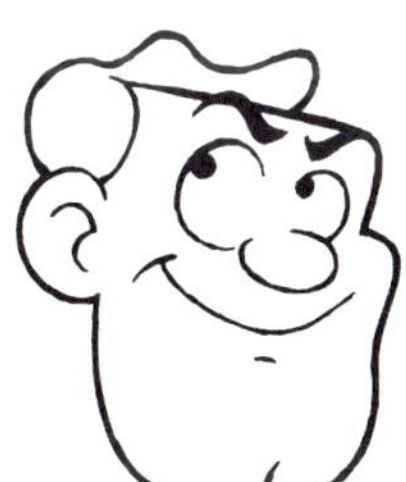

listig

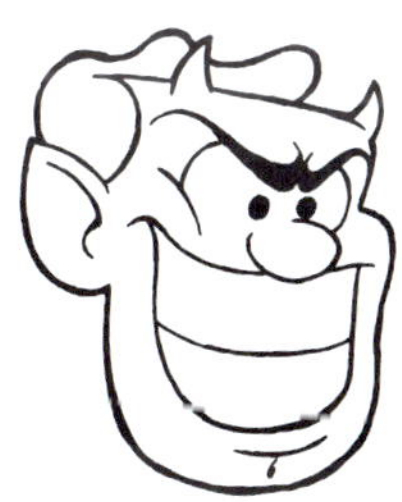

teuflisch

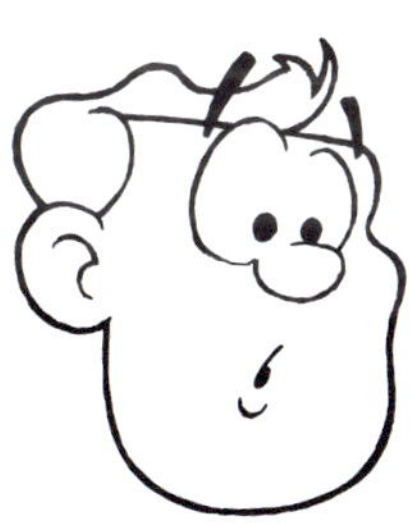

überrascht

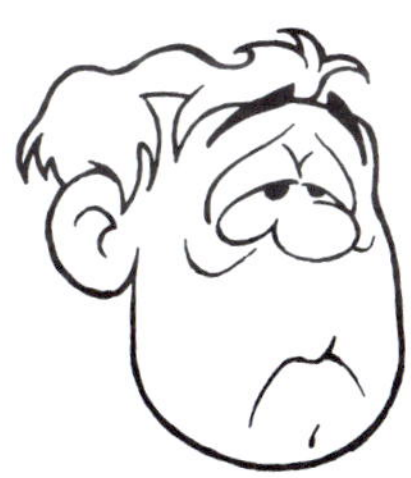

müde

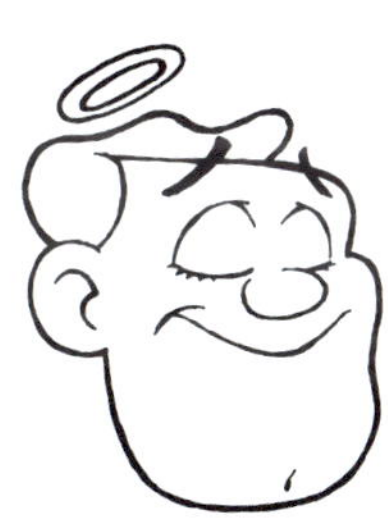

unschuldig

Spezialeffekte

In Stummfilmen kann man wunderbar beobachten, wie die Schauspieler Gefühle in ihrem Gesicht ausdrücken – ohne ein einziges Wort zu sprechen.

TIPPS

Comic-Figuren bieten einen großen Vorteil für den Zeichner – man kann mit allen Elementen des Gesichts spielen und dabei überraschende Ausdrucksmöglichkeiten entdecken. So sieht ein Gesicht ärgerlich aus, wenn Sie herabgezogene Augenbrauen mit einer gerunzelten Stirn kombinieren. Die hochgezogenen Augenbrauen lassen sich aber auch mit einem Lächeln kombinieren, und schon stellt die Figur einen teuflischen Gesichtsausdruck zur Schau. Behalten Sie die gerunzelte Stirn bei und kombinieren Sie sie mit hochgezogenen Brauen und das Ergebnis ist ein Ausdruck voller Sehnsucht.

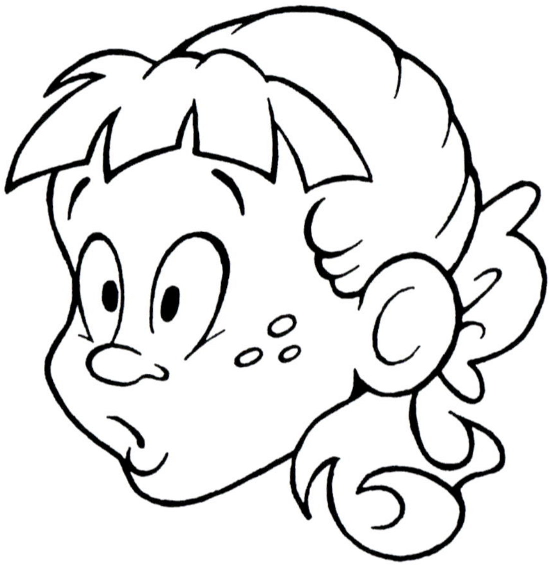

Puzzle

Die kleine Josy ist ein vielseitiges Mädchen! Schon alleine mit den verschiedenen Elementen, die hier um sie herum kreisen, lassen sich ganz unterschiedliche Gesichter zeichnen.

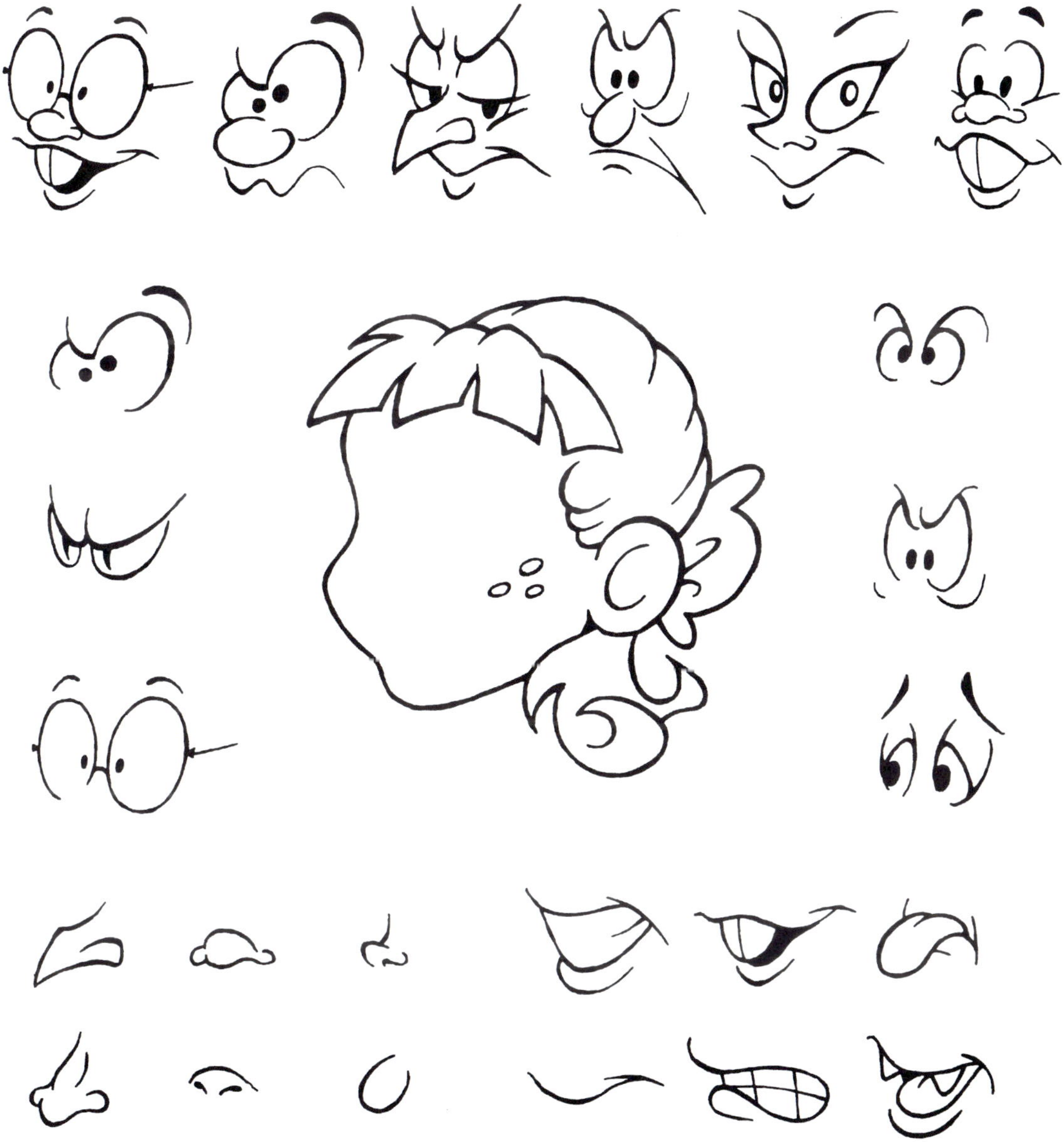

Ein Gesichtsausdruck lässt sich auch dadurch verstärken, dass man die Gesichtszüge übertreibt. So kann aus einem traurigen Gesicht ein verzweifeltes werden, aus einer ängstlichen Mimik eine extrem besorgte.

TIPPS

Stimmungen

Wer verschiedene Gesichtsausdrücke überzeugend zeichnen will, sollte gelegentlich vor dem Spiegel die eigene Mimik studieren und dann das Beobachtete zu Papier bringen. Die hier gezeigten sechs Gesichter können als Grundlage für fast alle Ausdrücke dienen. In der Mitte ist ein »ausdrucksloses« oder neutrales Gesicht zu sehen. Aus ihm werden die anderen Stimmungen entwickelt. Ringsherum sind die fünf Gesichtsausdrücke angeordnet, die sich durch einfache Veränderungen darstellen lassen.

Fröhlich Das Lächeln ist selbstverständlich. Außerdem ist das ganze Gesicht etwas »angehoben«. Die Augen sind weiter geöffnet als im neutralen Gesicht, auch die Augenbrauen liegen höher.

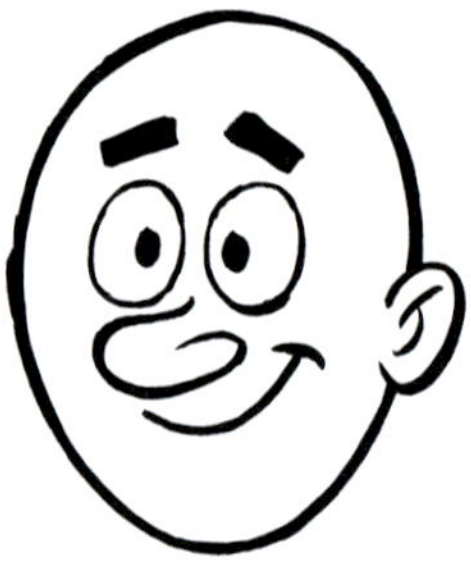

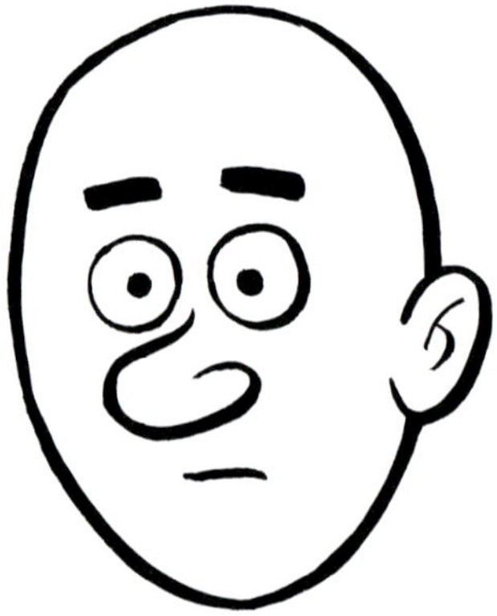

Zornig Das wichtigste Merkmal sind die Augenbrauen, die in der Stirnmitte zusammengezogen sind. Dazu kommen Stirnfalten und wütend gefletschte Zähne.

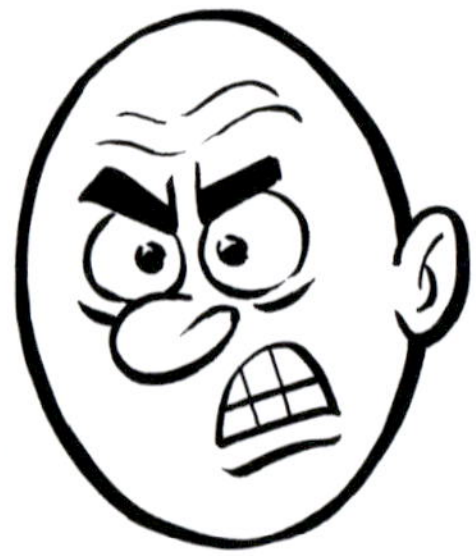

Neutral Hier ist keine Emotion erkennbar, aber die meisten Stimmungen lassen sich aus diesem Gesicht entwickeln. Dazu genügt es oft schon, einzelne Gesichtszüge geringfügig zu verändern.

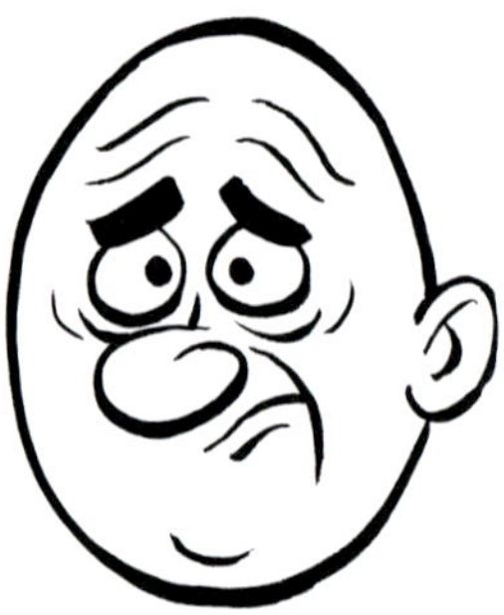

Besorgt Das wichtigste Element sind die schräg stehenden Augenbrauen, die auf die Augen zu drücken scheinen, sowie die »Sorgenfalten« im Gesicht. Typisch für ein besorgtes Gesicht sind außerdem die dunklen Augenringe und die gerunzelte Stirn.

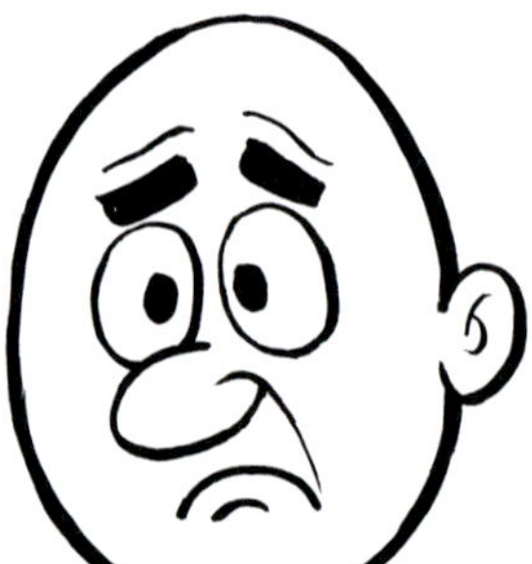

Traurig Dieses Gesicht hat Ähnlichkeit mit dem besorgten Ausdruck, zeigt aber weniger Stirnfalten. Die Augenbrauen stehen schräg, drücken aber nicht so stark auf die Augen. Die Pupillen sind größer und haben eine länglichere Form als im besorgten Gesicht.

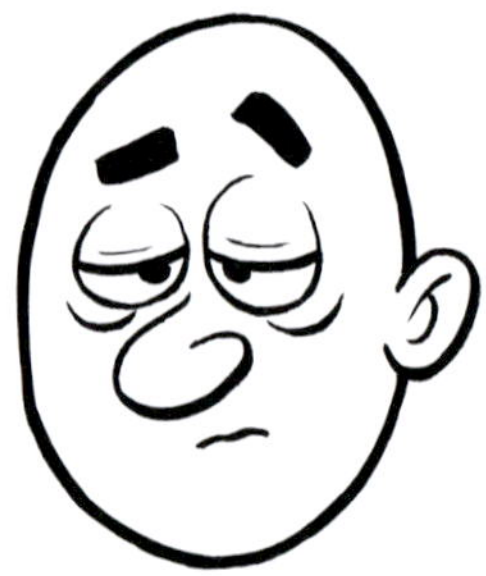

Gelangweilt Halb geschlossene Augen sind das wichtigste Element in diesem gelangweilten, schläfrigen Gesicht. Augenringe, ein unkonzentrierter Blick und ein kleiner, ausdrucksarmer Mund gehören meistens auch dazu.

Thema mit Variationen

Aus den sechs Grundstimmungen lassen sich mit speziellen Techniken, beispielsweise der Verstärkung oder der Asymmetrie, viele weitere, denkbare Stimmungen darstellen.

Verstärkung

Um einen Gesichtsausdruck zu verstärken, genügt es oft, Gesichtszüge deutlich zu übertreiben. Beim überraschten Gesicht wurden die Augen des fröhlichen Gesichts vergrößert, die Augenbrauen sitzen sehr hoch und auch das Lächeln ist dicker aufgetragen. Dieselbe Methode kam beim entsetzten und beim erschrockenen Gesicht zum Einsatz.

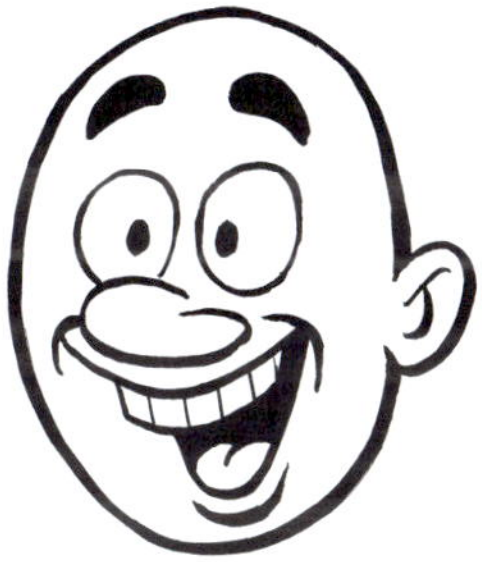

Überrascht

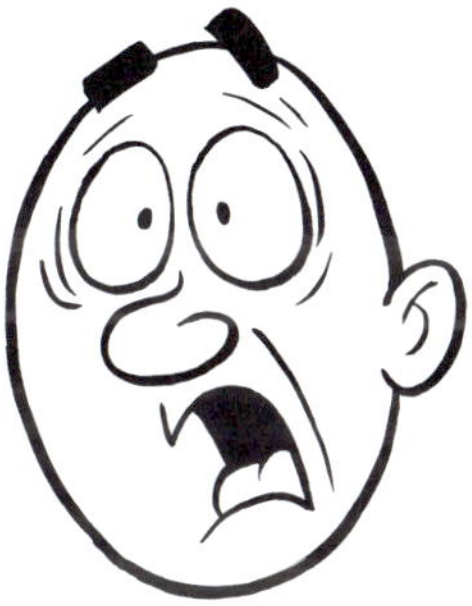

Entsetzt

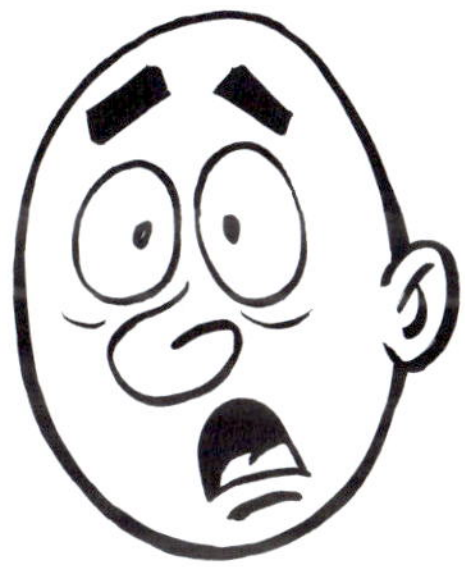

Erschrocken

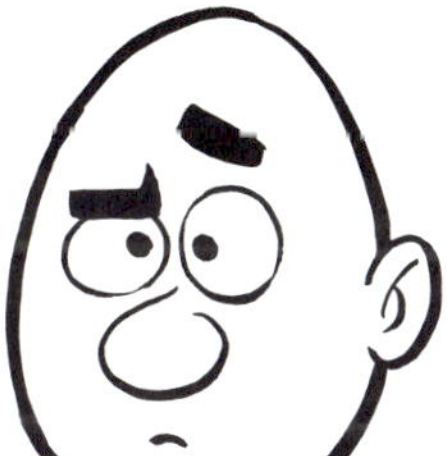

Verwirrt

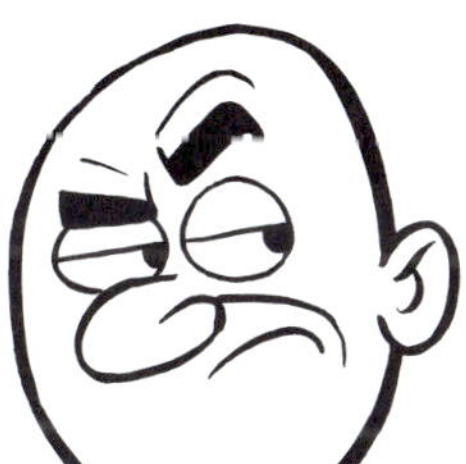

Geringschätzig

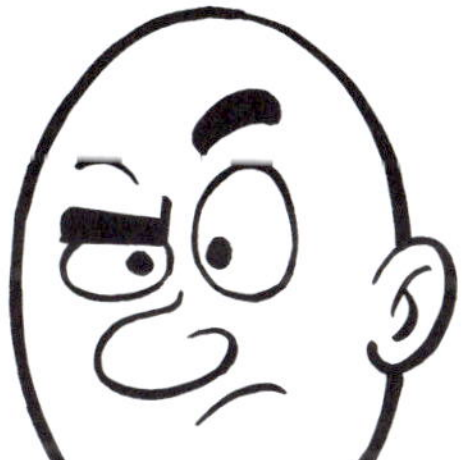

Misstrauisch

Asymmetrie

In diesem Fall sehen die beiden Gesichtshälften unterschiedlich aus. Das ist am »verwirrten« Gesicht gut zu erkennen: Die linke Hälfte sieht besorgt aus, die rechte dagegen eher traurig. Asymmetrisch sind auch das geringschätzige und das misstrauische Gesicht.

Proportionen bei Menschen

Im Comic-Universum gibt es keine Vorschriften in Bezug auf „richtige“ Proportionen. Von naturgetreu gezeichneten Figuren bis hin zu völlig verfremdeten Charakteren, beispielsweise aus einer Alien-Welt, ist alles möglich. Trotzdem gilt: Wenn Sie die grundsätzlichen Regeln zum Aufbau einer Figur verstanden haben und beherrschen, wird es Ihnen auch leichtfallen, davon abweichende Körperformen zu realisieren.

TIPPS

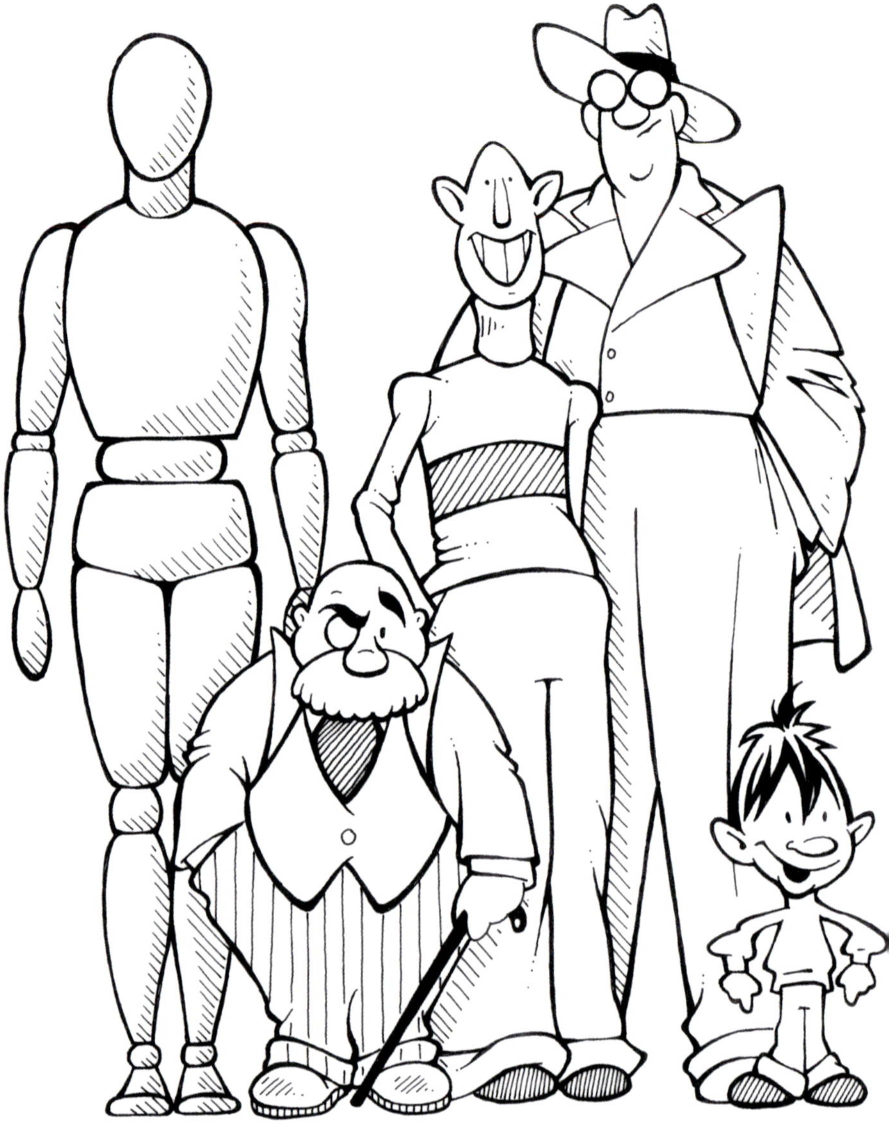

Bei Menschen ist die Maßeinheit für die Proportionen der Kopf. Man zeichnet Personen normalerweise mit einer Körpergröße, die der siebenfachen Länge ihres Kopfes entspricht. Um des schlankeren Effektes willen werden sie oft auch mit acht Köpfen Größe dargestellt. Modezeichner ziehen die schmalen Silhouetten und vor allem die Beine oft bis ins Insektenhafte in die Länge. Zeichnen Sie alte, junge, große, kleine, dicke und dünne Menschen nach Fotos, um ein Gefühl für die wahren Proportionen zu bekommen.

Comic-Helden

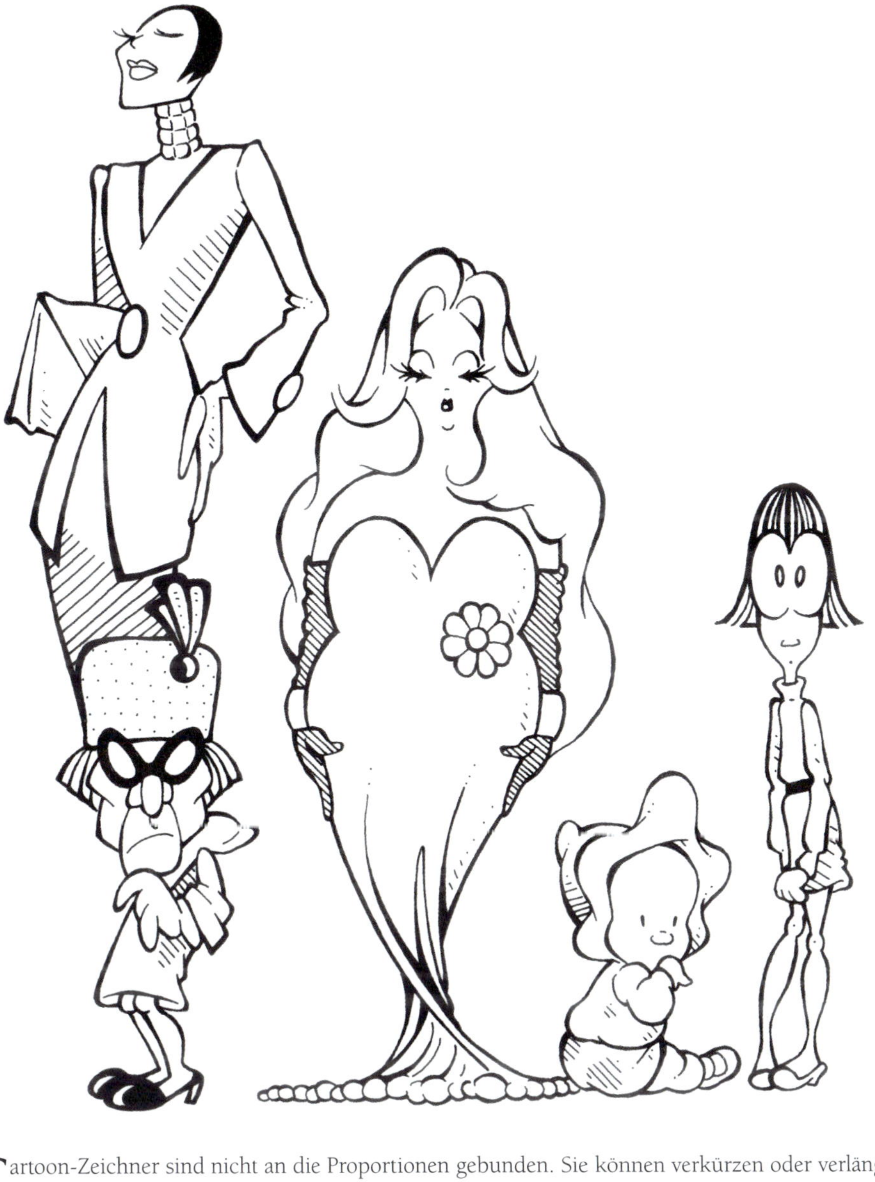

Cartoon-Zeichner sind nicht an die Proportionen gebunden. Sie können verkürzen oder verlängern, wie es ihnen gefällt, um den Charakter einer Figur zu betonen. Außerdem müssen diese Figuren einiges aushalten: Wie oft werden sie von Dampfwalzen überrollt, wie ein Ballon aufgeblasen oder wie ein Gummiband gedehnt! Solche Bilder gelingen Ihnen aber nur dann, wenn Sie die Proportionen sicher beherrschen.

Bodybuilding

Interessanterweise gibt es auch Cartoonzeichner, die nicht gut zeichnen können und trotzdem erfolgreich sind. Aus einem einfachen Grund: Sie haben gute Ideen. Eine gute Idee kann durchaus zeichnerische Schwächen aufwiegen. Gute Ideen lassen sich oft durch genaues Beobachten finden: die oberpenible Nachbarin, der tollpatschige Hund einer Freundin, der schräge Typ aus dem Fitness-Studio ...

Durchschnittsmenschen wie das Strichmännchen unten haben Durchschnittsproportionen, das heißt, die Mitte des Körpers ist die Hüfte. So sieht natürlich kein Superheld aus – diese haben vergrößerte Oberkörper und wirken entsprechend imposant. Beim Zeichnen von Comic-Figuren können Sie die Proportionen nach Lust und Laune verschieben. Meist haben sie allerdings einen übergroßen Kopf, weil so der Zeichner ein großes Gesicht mit viel Platz für die Gefühle hat, die er zeigen will – und weil es lustiger aussieht. Überlegen Sie, welcher Charakter zu Ihrer neuen Figur passt – und schenken Sie ihr einen passenden Körper.

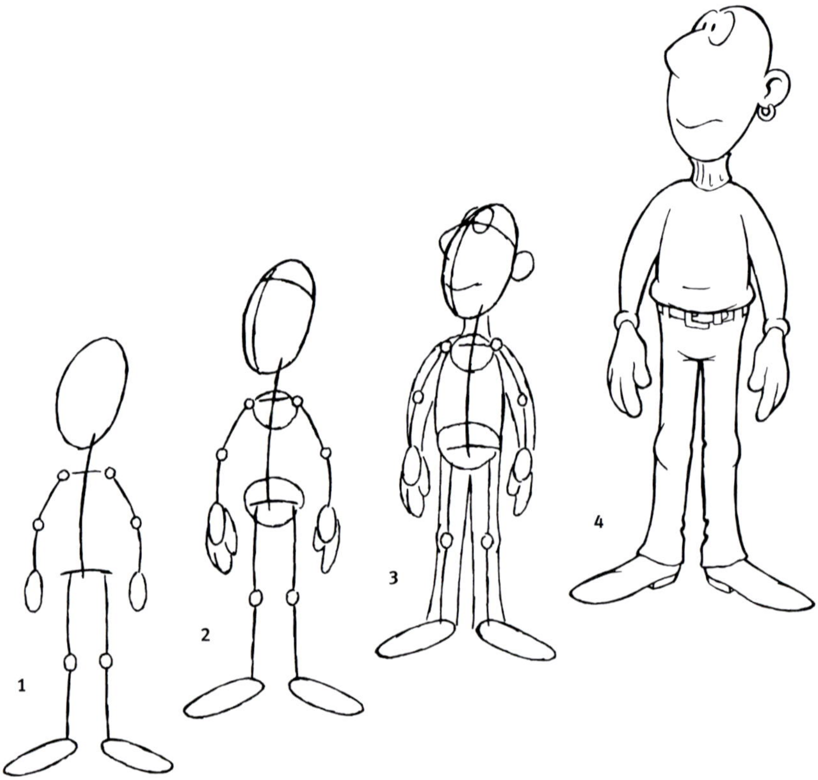

Guten Morgen, Strichmännchen

Man baut auch Comic-Figuren aus Grundformen auf. Zuerst die Wirbelsäule als Linie zeichnen, dann die Gelenke als Kreise und die Linien für Schultern und Hüften hinzufügen. Zum Schluss erhält Strichmännchen Ovale als Hände und Füße sowie ein großes Ei als Kopf. Im nächsten Stadium seines Lebens bekommt Strichmännchen je ein Oval für Hüften und Schultern sowie ein paar Finger. Anschließend wird seine Figur aufgefüllt – die Details wie der hippe Ohrring folgen zum Schluss.

TIPPS

Was für Typen

Dünn, durchschnittlich, muskulös, dick oder völlig fremd … Probieren Sie alle möglichen Körpertypen aus. Sehen Sie sich die Menschen um Sie herum genau an, blättern Sie in einem Anatomiebuch und beschäftigen Sie sich eine Zeitlang intensiv mit dem Körperbau, den Knochen und Muskeln, die dazu gehören. Wer genau weiß, wie der menschliche Körper aufgebaut ist und wie er sich bewegt, wird sich leichter tun, Karikaturen zu zeichnen.

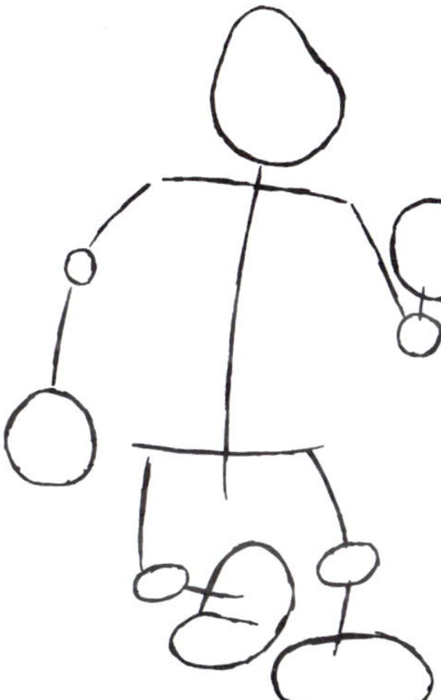

1

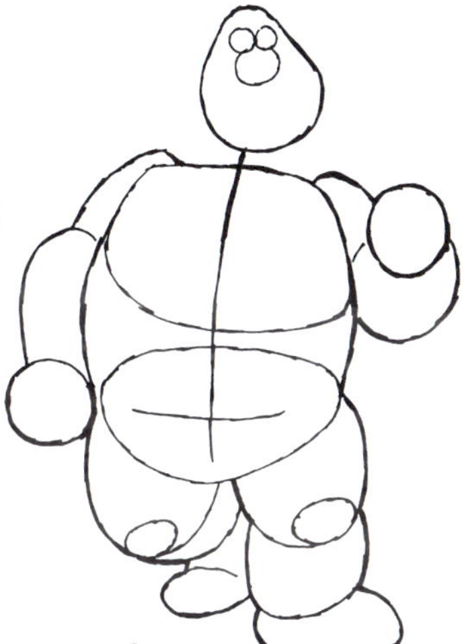

2

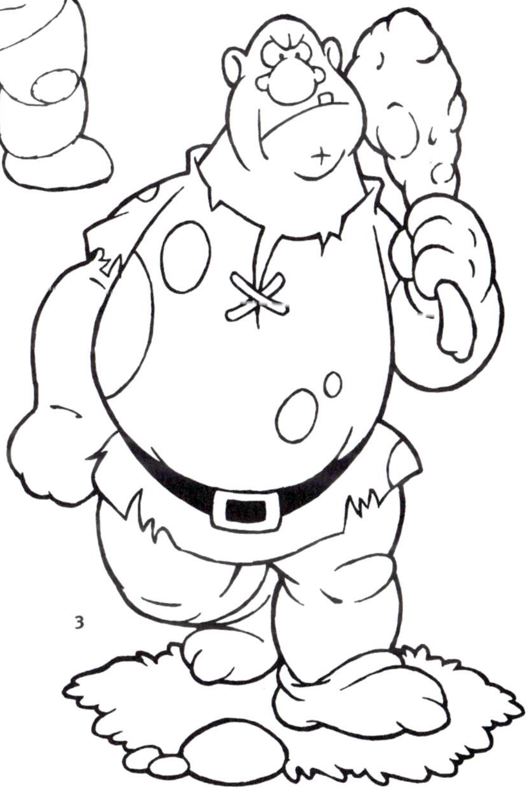

3

Schwergewicht

Mit einem bulligen Oberkörper und kurzen Beinen wirkt der angriffslustige Riese trotzdem so dümmlich, dass man schon weiß, wo seine Schwachstelle liegt. Auch der vorspringende Zahn sagt: „Ich bin nicht sonderlich schlau." Damit die Figur guten Bodenkontakt hat, geht sie auf einem Stück Wiese.

Einfache Comic-Figuren zeichnen

Ganz ohne Anatomie geht es auch im Comic nicht. Die nicht beweglichen Teile des Körpers lassen sich mit drei separaten, einfachen Grundformen darstellen: Kopf, Brustkorb und Becken. Wenn Sie diese drei Teile in den richtigen Relationen zueinander platzieren, können Sie Figuren in jeder Haltung zeichnen.

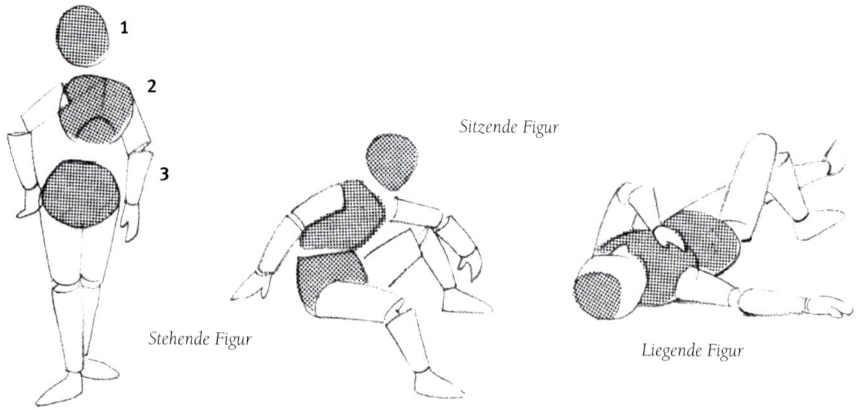

Stehende Figur *Sitzende Figur* *Liegende Figur*

Arme und Beine werden angehängt. Stellen Sie sich vor, dass es schmaler zulaufende Röhren sind, die am Brustkorb und am Becken sitzen.

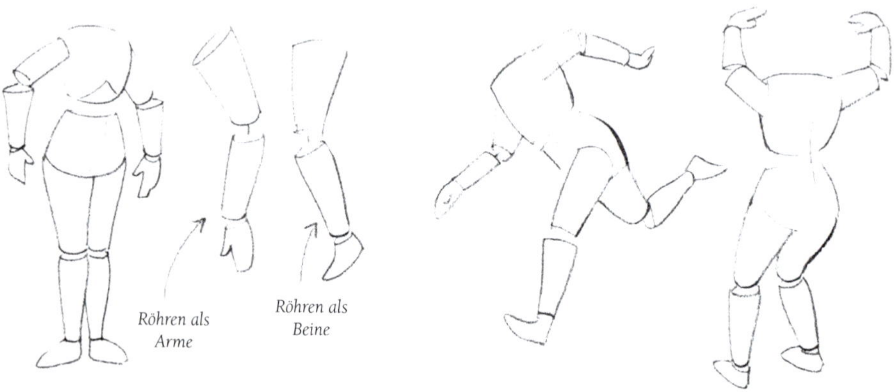

Wenn Sie diese einfache Formel beachten, ist es nicht schwierig, verschiedene Haltungen zu zeichnen. Auch Hände und Füße lassen sich vereinfachen.

Wenn Sie Ihre Figur in Bewegung darstellen wollen, überlegen Sie vorab, welche Pose sie einnehmen soll. Denken Sie beim Anlegen Ihrer Skizze an die Aktionslinie. Das ist eine gedachte Linie, die entlang der Wirbelsäule der Figur verläuft und dabei hilft, eine Bewegung darzustellen.

TIPPS

Übertragen wir die Formel auf Comic-Figuren, können Brustkorb und Becken zu einer Form werden.

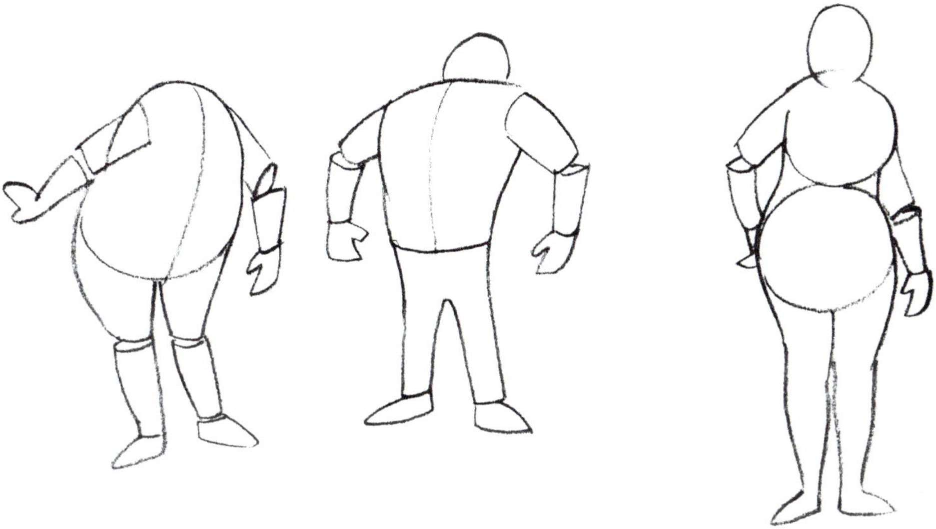

Bewegt sich eine Figur, sind Becken und Brustkorb in entgegengesetzte Richtungen geneigt.

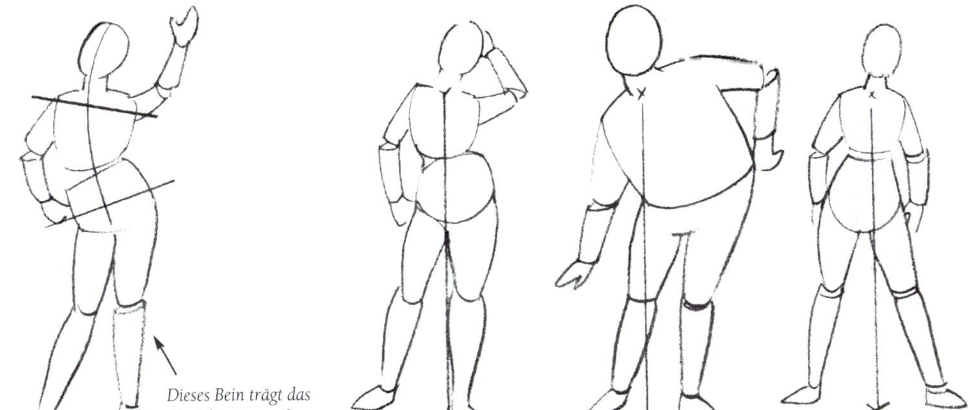

Je nach Körperbau müssen Sie die Grundformel variieren.

Körpersprache

Überlegen Sie genau, wie Sie Emotionen zeichnerisch darstellen könnten. Versuchen Sie sich vorzustellen, wie Ihr Gesicht und Körper in der Situation aussehen. Noch besser ist es, ein kleines Schauspiel vor einem Spiegel zu inszenieren.

TIPPS

Wir haben schon gesehen, dass ein Gesicht viele Gefühle und Stimmungen vermitteln kann. Der restliche Körper ist aber ebenso ausdrucksvoll. Damit eine Figur als Ganzes überzeugt, sollten Sie alles, was Sie über Bewegungslinien, Gesichtsausdruck und Proportionen gelernt haben, auf den ganzen Körper übertragen. Dabei ist gerade im Cartoon Übertreibung nicht nur erlaubt, sondern ausdrücklich erwünscht. Tragen Sie ruhig dick auf.

✗

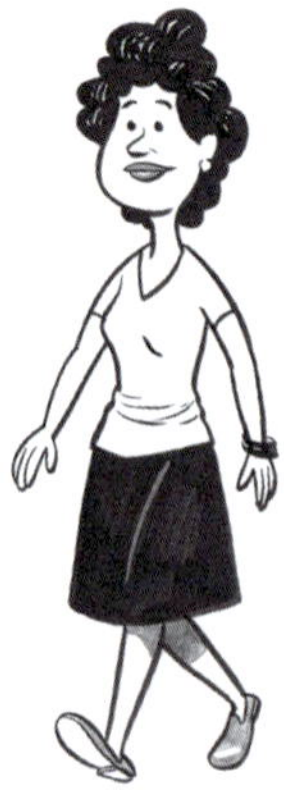

Diese Zeichnung wirkst steif und wenig überzeugend. Die Frau kann glücklich oder stolz sein, vielleicht ist sie auch nur gut gelaunt. Der Körper ist zu gerade, und er vermittelt keine Bewegung.

✓

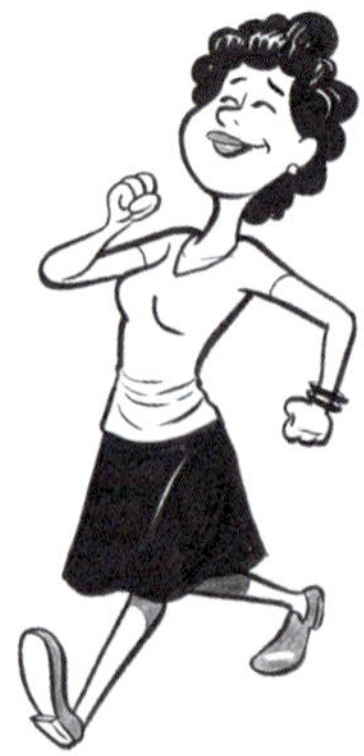

Diese Zeichnung sagt viel mehr aus. Die Frau stürmt dynamisch und mit stolzgeschwellter Brust vorwärts. Vielleicht hat sie gerade eine stattliche Gehaltserhöhung bekommen?

✗

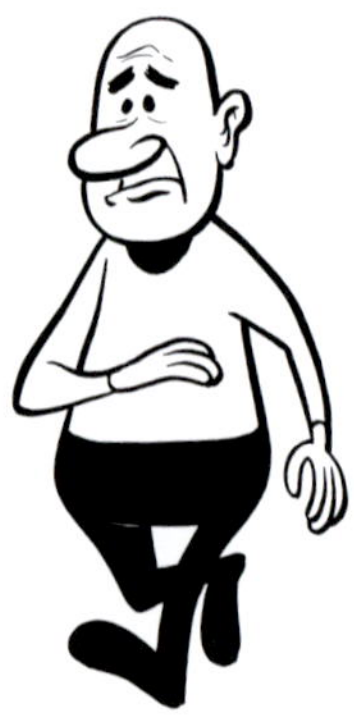

Der Gesichtsausdruck dieser Figur wirkt unglücklich, aber die Körpersprache ist unklar. An seiner Haltung ist nicht zu erkennen, ob er einen ganz schlechten Tag oder nur leichte Bauchschmerzen hat.

✓

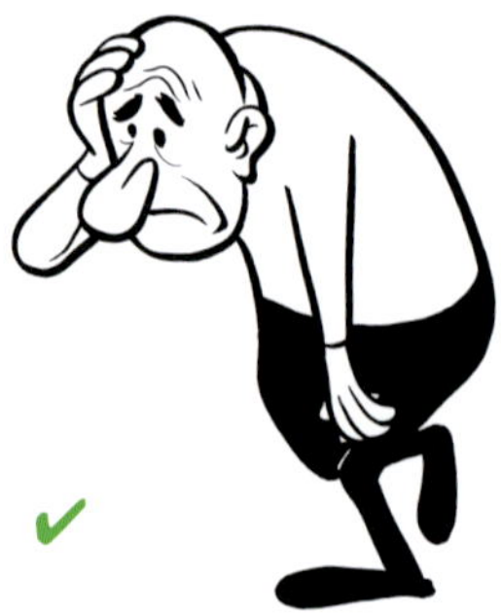

Der gekrümmte Körper und der hängende Kopf zeigen, dass es ihm wirklich schlecht geht. Die Bewegungslinie des Körpers verläuft genau entgegengesetzt zur Bewegungslinie der stolzen jungen Frau.

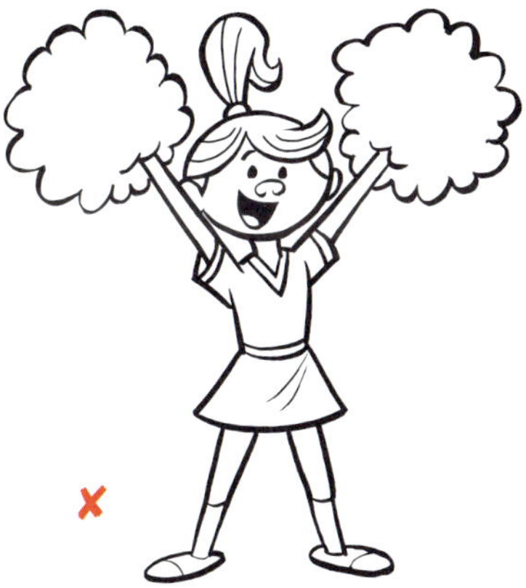

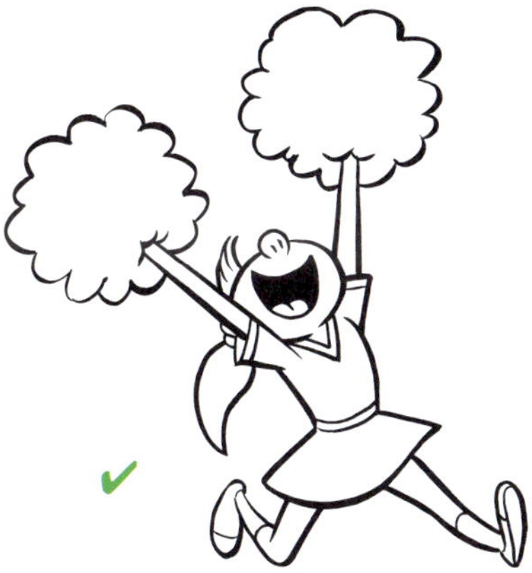

Das Gesicht der Cheerleaderin strahlt, aber ihr Körper wirkt eher so, als sei gerade nicht viel los auf dem Footballfeld.

Jetzt ist der ganze Körper beteiligt: Der Kopf ist zurückgeworfen, die Arme sind gestreckt, die Beine in Bewegung. Hier wird klar, was sich durch Übertreibung erreichen lässt.

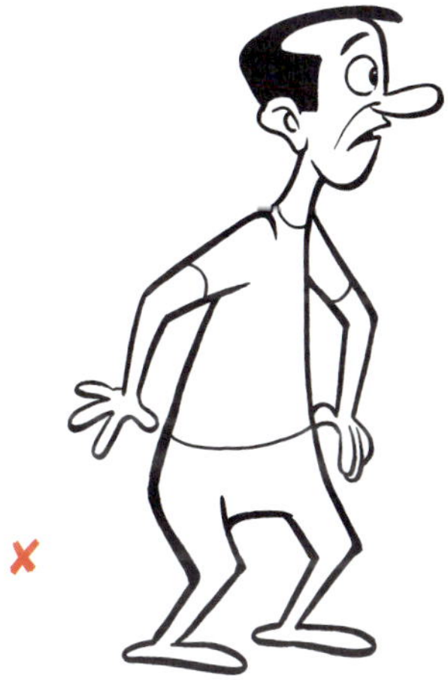

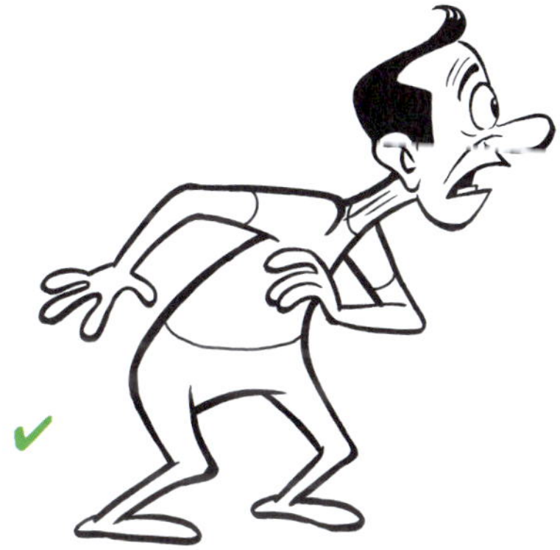

Dieser Mann wirkt etwas verblüfft, aber mehr sagt die Haltung nicht aus. Wir wissen nicht, ob er nur ein seltsames Geräusch gehört hat oder sich ernsthaft fürchtet.

Mit dem offenen Mund und den sprungbereiten Beinen sieht er aus, als hätte er gerade ein Gespenst gesehen. Der ganze Körper vermittelt, dass der Schreck groß ist.

Kleidung

Motorradhelm, Kochmütze oder Jägerhut: Kopfbedeckungen können etwas über die Beschäftigung ihres Trägers ausdrücken oder, wenn sie mit witzigen Details wie einem Propeller ausgestattet sind, auch das Wesen der Figur verdeutlichen.

TIPPS

Das Outfit kann eine Menge über eine Figur aussagen und sogar einen Teil der Geschichte erzählen. Das bezieht sich nicht nur auf die Kleidung im engeren Sinn, sondern auch auf Frisur, Bart oder Zubehör. Eine Polizeiuniform, eine Kochmütze oder ein Bauarbeiterhelm genügen, um den Beruf einer Figur erkennbar zu machen. Auch eine übergroße Sonnenbrille oder ein Sheriffstern sagen auf einen Blick etwas über die Persönlichkeit einer Figur aus.

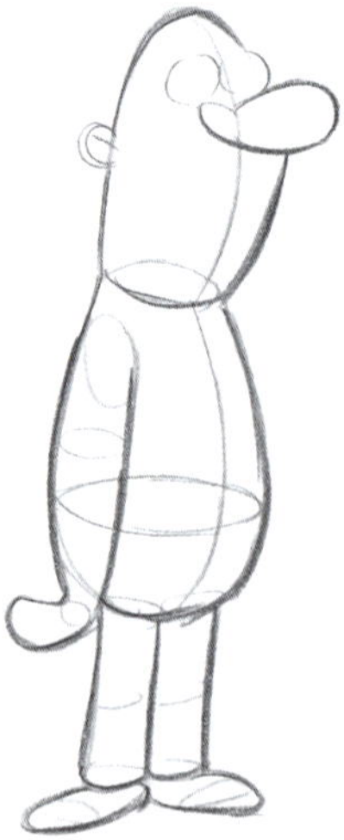

Körperformen

Schon beim Zeichnen des Körpers sollte darauf geachtet werden, die Formen gut herauszuarbeiten, beispielsweise die Wölbung des Bauchs oder die Zylinderformen der Beine. Daran orientiert sich später die Kleidung.

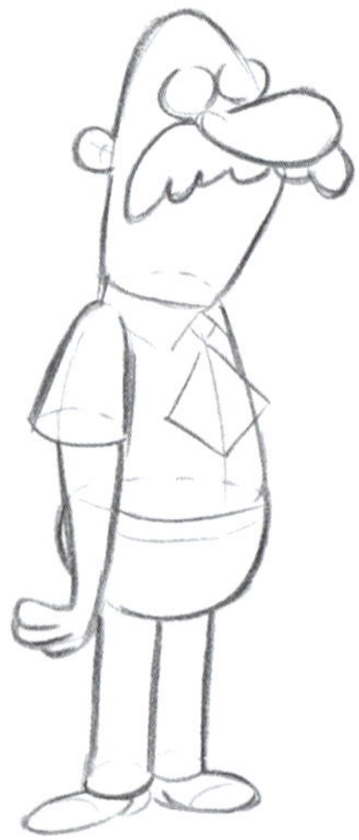

Identität

Kleidung muss nicht unbedingt auffällig oder exotisch sein. Sie soll nur die Identität einer Figur verdeutlichen. Hier sagen das schlecht sitzende Hemd, der unmoderne Schlips und der buschige Bart einiges über die Figur aus.

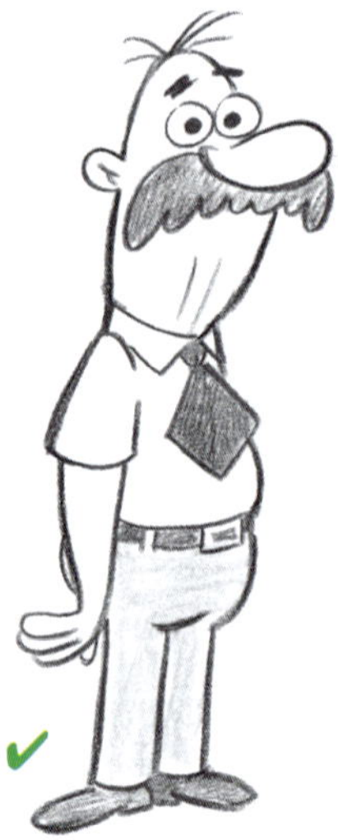

Körperbetont

Die Konturen der Kleidung müssen die darunter liegenden Körperformen nachzeichnen. Bei dieser Figur sitzt der Gürtel eng, sodass über und unter ihm leichte Speckrollen sichtbar werden.

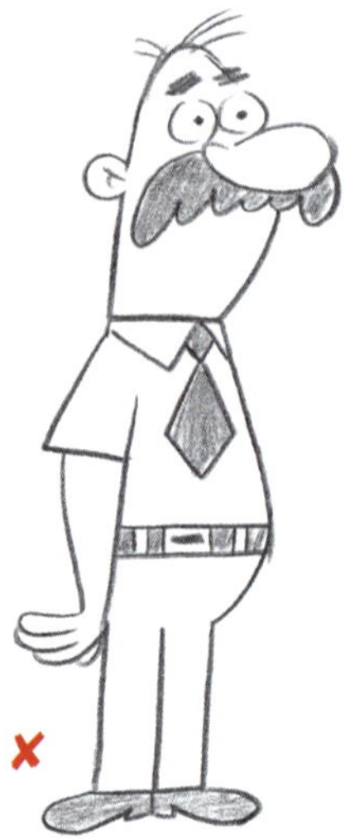

Zu gerade

Wenn die Konturen der Kleidung als gerade Striche gezeichnet werden, statt den Körperformen zu folgen, geht die dreidimensionale Wirkung der Figur verloren.

Kleider machen Cartoons

Der Charakter einer Cartoon-Figur muss ganz ohne Worte erkennbar sein. Ein Arztmantel, eine Federboa, eine Bikerjacke oder ein Agenten-Trenchcoat können beispielsweise eine Menge über eine Figur und die Geschichte aussagen.

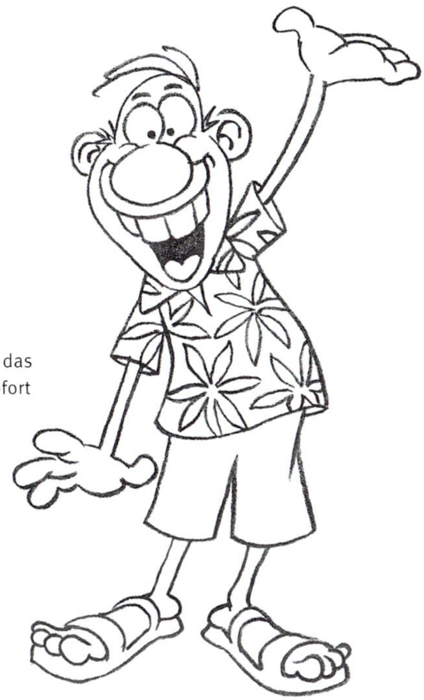

Klischees sind erlaubt Durch das Hawaiihemd ist diese Figur sofort als Tourist einzuordnen.

Kostümwechsel

Was eine Figur trägt, beeinflusst ihre Außenwirkung ganz erheblich. Eine einzige Grundfigur wirkt hier mit vier verschiedenen Kostümierungen und Accessoires völlig unterschiedlich.

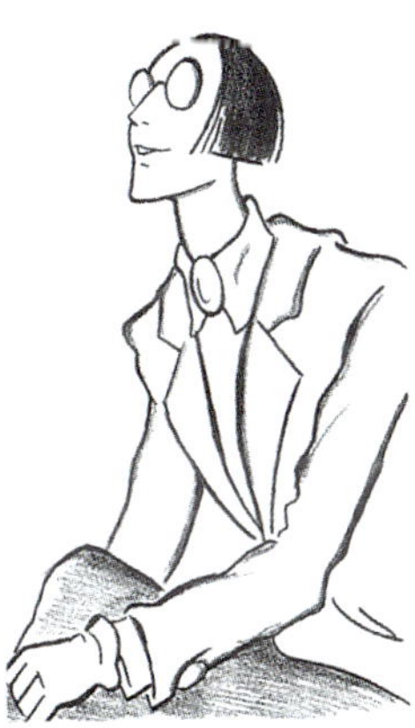

Businessfrau mit klassischem Jackett, Brille und akkurat geschnittenem Bob.

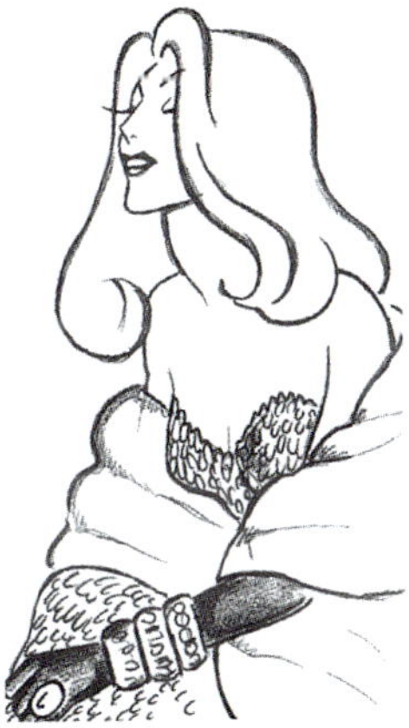

Film-Diva mit wellig-langen Haaren, Abendkleid und weißer Nerzstola.

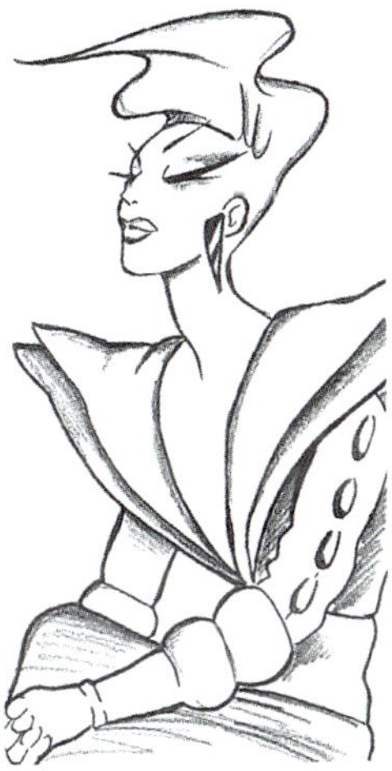

Weltraum-Lady mit Space-Anzug und einer Frisur, die den Gesetzen der Schwerkraft trotzt.

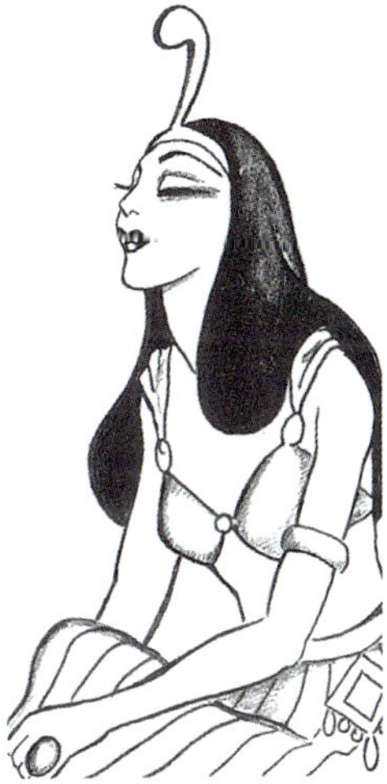

Ägypterin mit Schlangen-Stirnreif und typischem, breitem Lidstrich.

Mannsbilder

TIPPS

Im Gegensatz zu Männern hat man beim Zeichnen von Frauen eine größere Freiheit, was die Accessoires anbelangt: edler Schmuck, hübsche Haarschleifen, interessante Schuhe oder schicke Handtaschen – alles ist möglich.

Dass es zwischen Männern und Frauen einige Unterschiede gibt, ist Ihnen wahrscheinlich nicht neu. Diese Unterschiede sind auch für Cartoon-Zeichner von Bedeutung. Normalerweise haben männliche Figuren breitere Schultern und einen kräftigeren Hals als weibliche. Taille und Hüften männlicher Figuren haben ungefähr den gleichen Umfang, die Füße sind relativ groß. Außerdem haben Männer oft einen Bart oder Bartschatten.

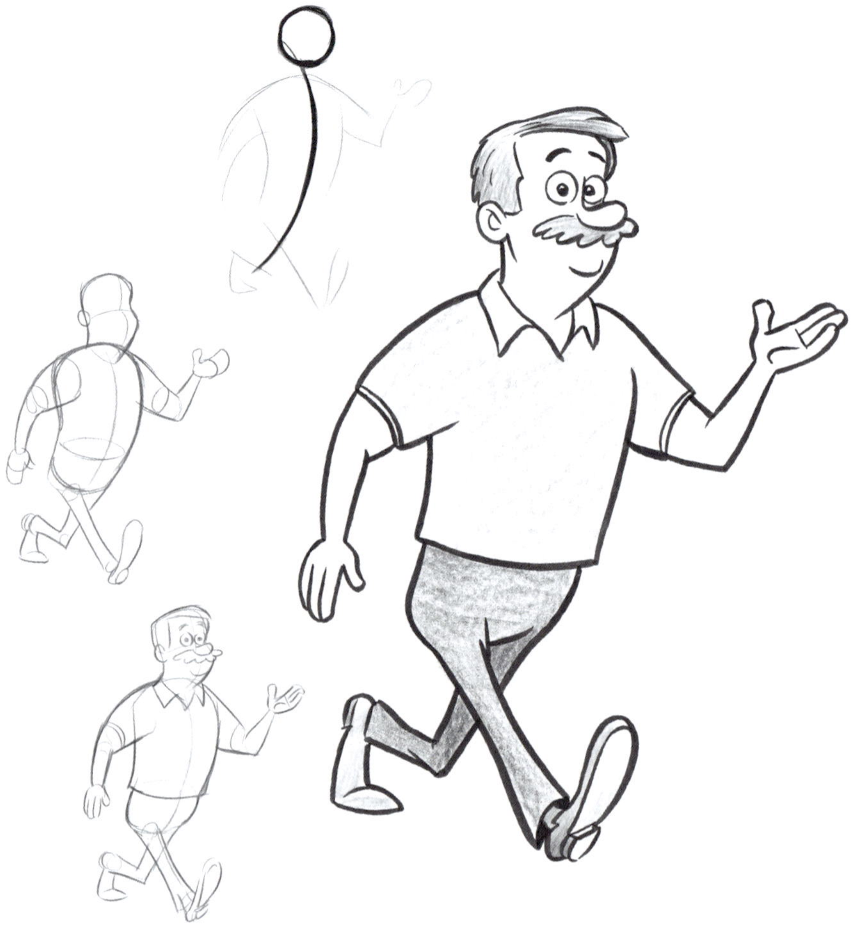

Hände und Beine

Männerhände sind oft größer als Frauenhände, und sie sehen robuster aus. Die Beine können realistisch gezeichnet werden, meist genügt es aber, sie als einfache Zylinder darzustellen.

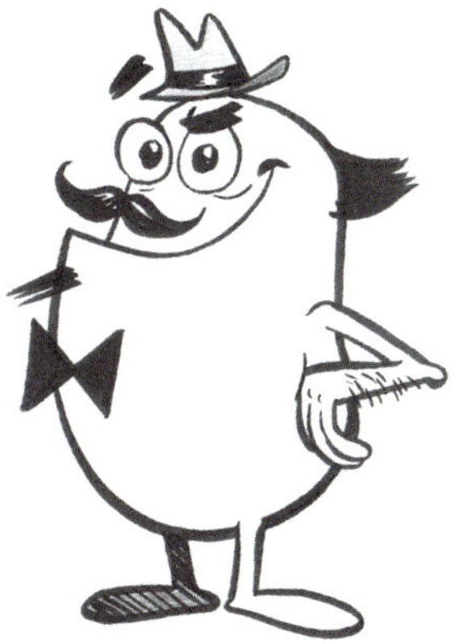

Männliche Attribute

Oft genügen einige »männliche« Attribute, um eine Figur als männlich zu identifizieren – selbst wenn sie ansonsten gar nicht menschenähnlich aussieht. Hier zeigen der Hut, die Fliege, der Bart und der behaarte Arm, dass wir es mit einem männlichen Wesen zu tun haben.

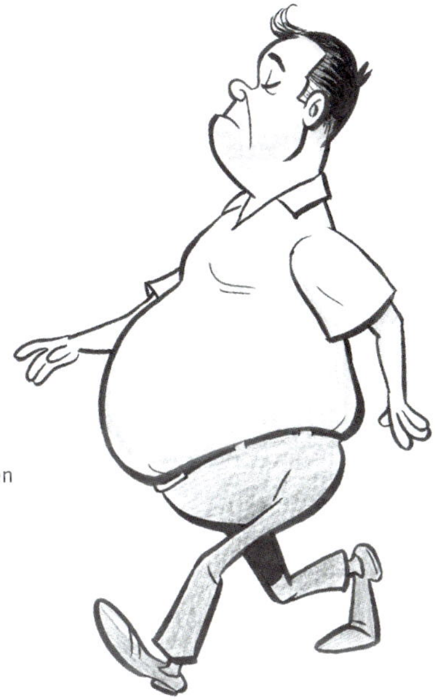

Schwergewicht

Wenn Männer zunehmen, bekommen sie oft einen stattlichen Bauch, während Hüften und Beine schmaler bleiben. Hier fragt man sich, wie die dünnen Beine den mächtigen Bauch überhaupt tragen können.

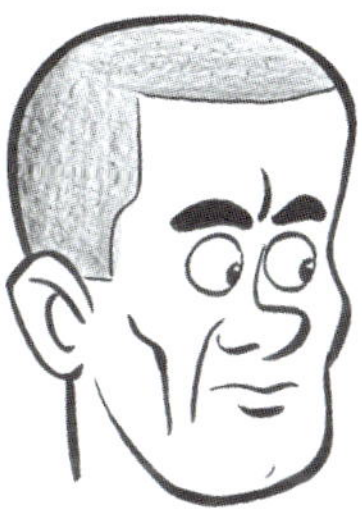

Hohe Stirn

Bei Männern liegt der Haaransatz häufig höher als bei Frauen.

Gemeißelte Züge

Männliche Gesichter sind oft schärfer geschnitten als weibliche. Das Kinn ist kantig, die Nase ist groß, der Hals ist kräftig.

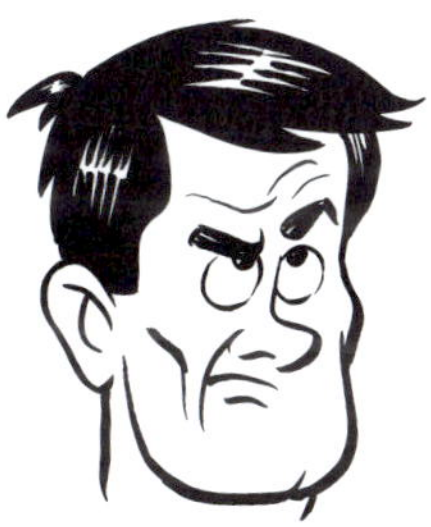

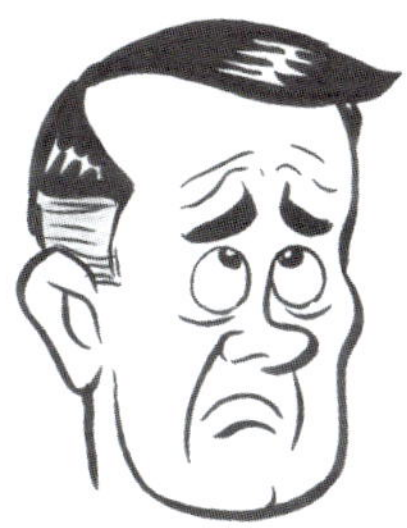

Geheimratsecken

Ab etwa 30 verändert sich die Kopfbehaarung vieler Männer. Bei manchen werden die Haare vorn dünner, bei anderen am hinteren Oberkopf.

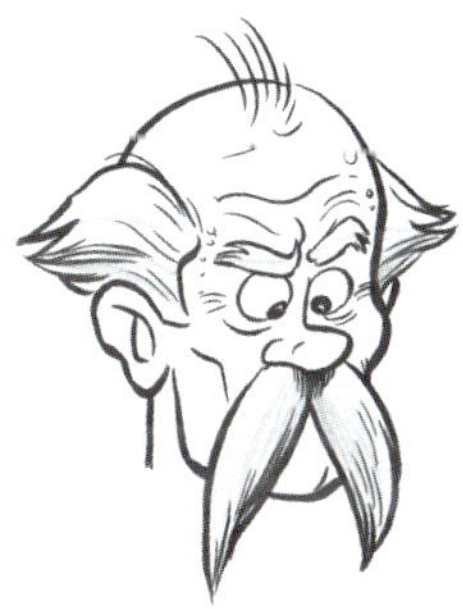

Bärte

Selbst alte, kahlköpfige Männer können einen stattlichen Kinn- oder Schnurrbart tragen.

15 MIN

Bevor Sie mit gespitztem Bleistift loslegen, sollten Sie sich wie beim Sport aufwärmen. Damit lockern Sie die Muskeln Ihrer Zeichenhand und des zugehörigen Arms. Die beste Aufwärmmethode besteht darin, locker aus dem Handgelenk zu kritzeln – also den Stift frei über ein weißes Blatt Papier zu bewegen.

TIPPS

Tarzan-Junge

Der Junge schwingt sich in Badehosen an einem Seil über einen Fluss. Solche Späße können sich Kinder nur erlauben, wenn keine erwachsenen Aufpasser in der Nähe sind. Mit solchen Motiven lassen sich Emotionen wie überschäumende Freude und Begeisterung wunderbar zu Papier bringen.

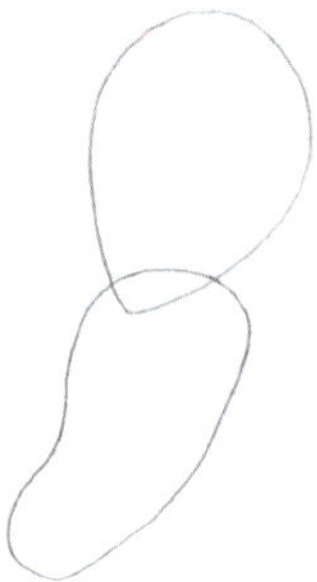

1

Wegen der komplexen Körperhaltung beginnen wir mit ganz einfachen Grundformen. Der Kopf ist ein kopfüber stehender, leicht schräger Tropfen. Seine Spitze ragt auf den Rumpf, der etwa wie ein Fahrradsattel geformt ist.

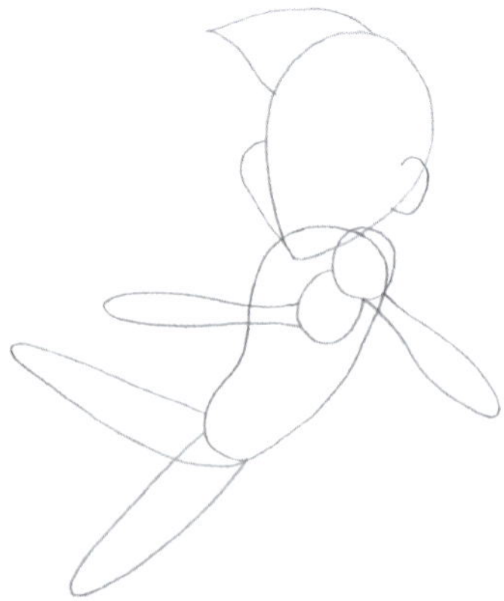

2

Nun werden Haare, Wange und Ohr mit einfachen Formen angedeutet. Für Arme und Beine genügen vorerst vier längliche Formen. Zwei Kreise für die Hände skizzieren.

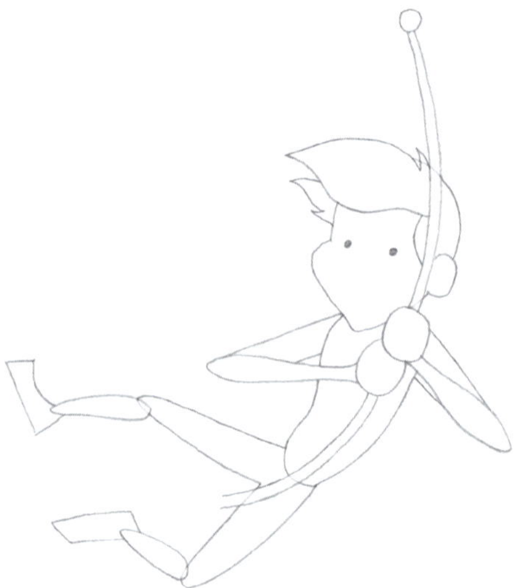

3

Die Überschneidungslinien ausradieren und die Formen etwas genauer ausarbeiten. Längliche Tropfen bilden die Unterschenkel, die Füße sind einfache Rechtecke. An der Kontur der Haare kleine Zacken einzeichnen, die wie Flammen aussehen. Die Augen oberhalb der Wangenwölbung durch Punkte markieren. Für das Seil zwei lange, parallele Bögen einzeichnen und am oberen Ende den Knoten mit einem Kreis andeuten.

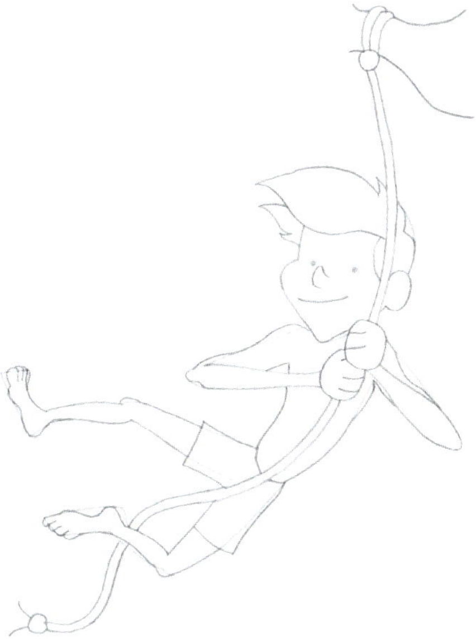

4

Damit der Junge nicht wie eine Holzpuppe wirkt, müssen nun die Konturen weicher ausgearbeitet werden. Arme und Beine wirken durch geschwungene Konturlinien realistischer. Die Badehose mit einigen einfachen Strichen andeuten. Das untere Ende des Seils hinzufügen und an seinem oberen Ende den Ast hinzufügen. Die Nase als aufwärts zeigendes Häkchen einfügen, darunter den Mund mit einer Linie einzeichnen. Zwischendurch alle Hilfslinien, die nicht mehr benötigt werden, ausradieren.

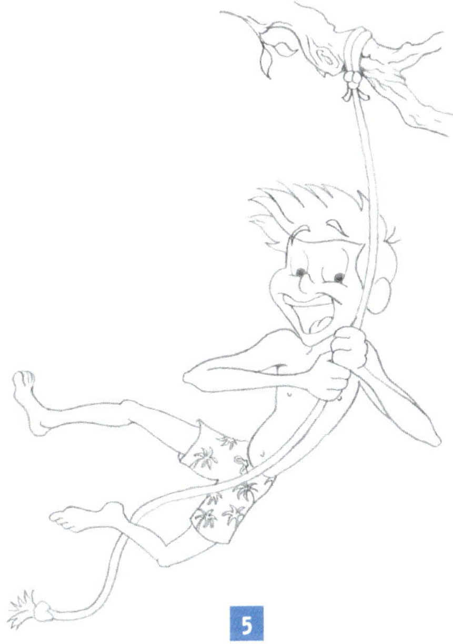

5

Nun die knorrige Rinde des Asts und den Knoten im Seil genauer ausarbeiten. Die Fingerknöchel des Jungen verfeinern und einige wellige Strähnen in die Haare einzeichnen. Augen, Mund und Badehose mit einigen geschwungenen Linien verfeinern. Am Ast einige Blätter anfügen und die Badehose mit einem lustigen Muster verzieren. Kleine Details auf dem Oberkörper des Jungen andeuten. Die Pupillen vergrößern, damit der Blick freundlich wirkt. Hochgezogene Augenbrauen drücken die Aufregung aus.

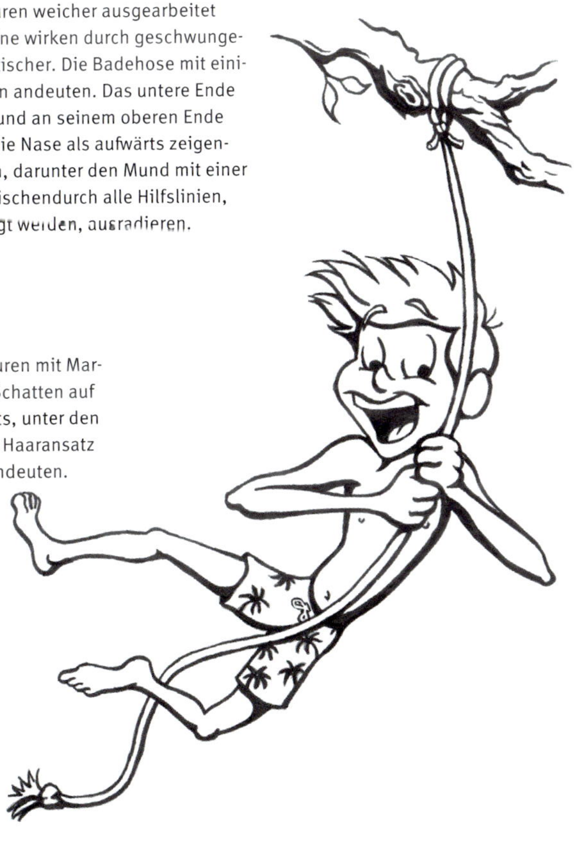

6

Jetzt werden die Konturen mit Marker nachgezeichnet. Schatten auf der Unterseite des Asts, unter den Armen und unter dem Haaransatz mit dickerem Strich andeuten.

15 MIN

Das Comic-Universum ist bunt und reich an schrägen Typen und außergewöhnlichen Situationen. Machen Sie sich beim Entwerfen einer Figur vorab ein inneres Bild von ihr und notieren Sie eventuell deren besondere Eigenschaften. Das gilt auch für die Darstellung einer kleinen Comic-Szene. Assoziieren Sie frei, bringen Sie alles zu Papier, was Ihnen dazu einfällt. Das hilft Ihnen später, eine überzeugende Szene darzustellen.

TIPPS

Vertauschte Rollen

Bei diesem Cartoon besteht die Schwierigkeit darin, möglichst viel Information in einem Einzelbild unterzubringen. Wie Sie an diesem Beispiel sehen können, macht es großen Spaß, bekannte Motive auf den Kopf zu stellen.

Menschen, die Enten füttern, sind ein vertrauter Anblick. Aber wie wäre es, wenn uns die Enten ebenso interessiert beim Essen zuschauen würden? Stellen Sie sich vor, dass zwei Erpel den Menschen Hotdogs zuwerfen. Sobald sie im Gras vor der Parkbank landen, stürzen sich die Menschen darauf.

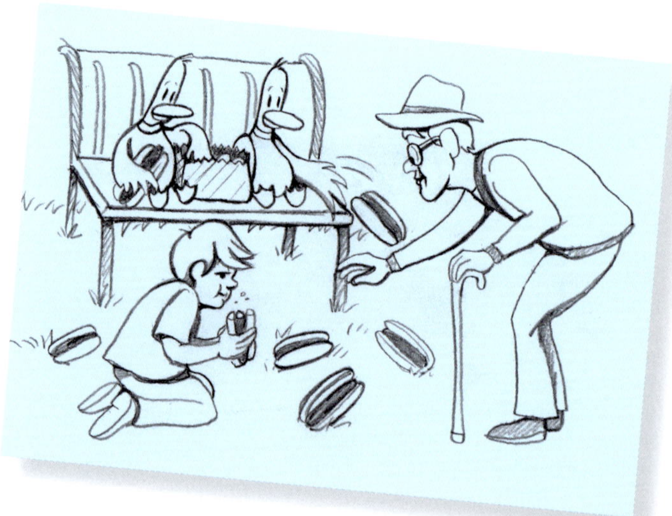

1

Zuerst wird eine Entwurfsskizze gezeichnet. Es ist nur ein Bild, enthält aber viele Aspekte der Szene. Die Skizze hilft dabei, für alle Figuren die richtigen Positionen in der Bildfläche zu finden. Der Bogen der Rasenfläche entspricht der Richtung, in der die Enten dem alten Mann einen Hotdog zuwerfen. Solche Details sind wichtig, damit man den Witz auch ohne Worte versteht.

2

Mit einem flachen Bogen für den Rasen beginnen. Darüber ein horizontales Rechteck zeichnen, unter dem sich ein schräges Rechteck anschließt. Die Enten mit zwei Tropfenformen skizzieren. Kopf, Rumpf und Gliedmaßen der beiden Menschen mit einfachen geometrischen Formen vorzeichnen.

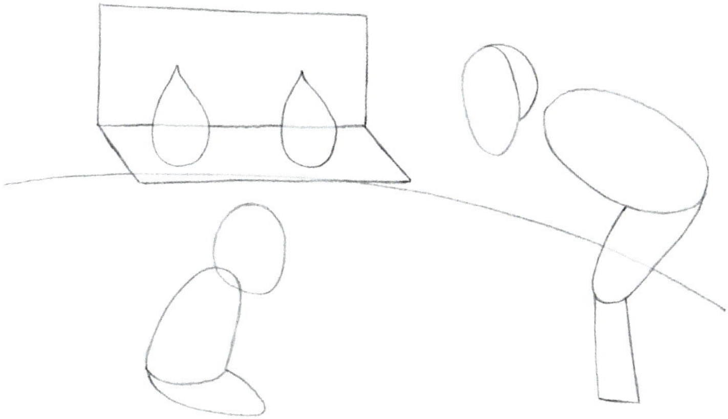

3

Die Linie für den Rasen dort ausradieren, wo sie die Personen und die Bank schneidet. Die Unterkante der Sitzfläche zeichnen und zwei senkrechte Striche für die Beine anfügen. Längliche Formen für die Entenköpfe hinzufügen, dann zwischen den Enten den Kasten für die Hotdogs zeichnen. Für Arme und Füße der Menschen genügen vorerst Ovale und Bögen. Den Haaransatz des Jungen einzeichnen und die Hutkrempe des Mannes mit einer geschwungenen Linie skizzieren.

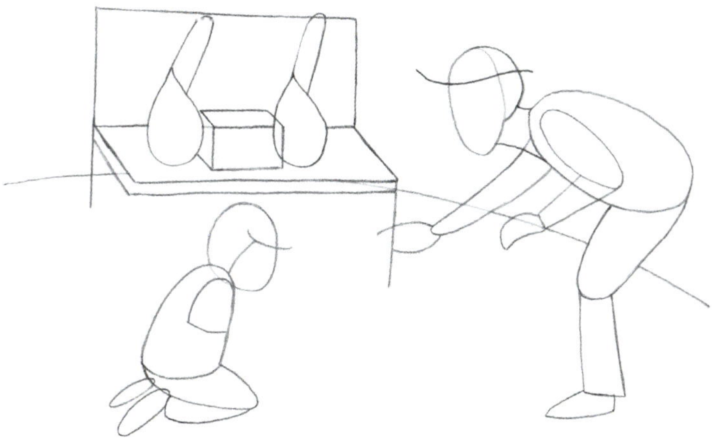

15 MIN

Mit Schattenbereichen verstärken Sie zum Schluss die Plastizität Ihrer Figuren. Grundsätzlich unterscheiden wir zwischen Schlagschatten und Form- oder Körperschatten. Den Schlagschatten wirft das Objekt auf andere Oberflächen. Form- oder Körperschatten zeigen sich auf seiner eigenen Oberfläche. Die Schattenbereiche helfen uns, die Form eines Gegenstandes oder Lebewesens zu erkennen. Formschatten werden mit zunehmender Entfernung von der Lichtquelle dunkler.

TIPPS

4

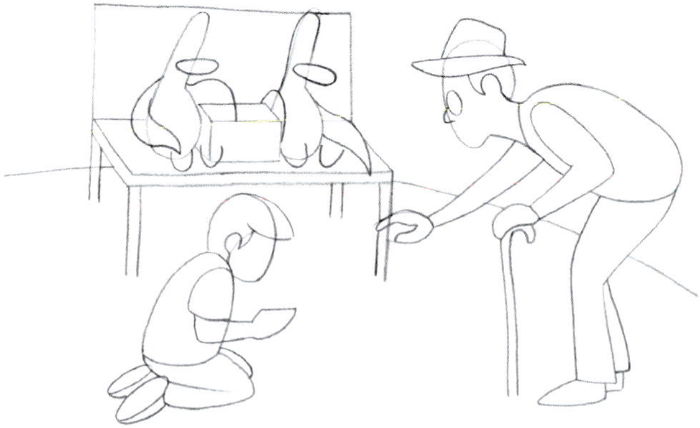

Überflüssige Hilfslinien zwischendurch ausradieren. Die Beine der Bank verdeutlichen. Die Formen der Entenköpfe verfeinern und längliche Ovale für die Schnäbel anfügen. Die Entenfüße mit kleinen U-Formen andeuten, die Flügel mit geschwungenen Strichen. Ohr und Koteletten sowie die Schuhsohlen des Jungen einzeichnen. Den abgewinkelten Ellbogen und eine keilförmige Hand anfügen. Den Hut des alten Mannes vervollständigen. An seinen ausgestreckten Arm den Daumen und einen Finger der Hand zeichnen, an die andere Hand den Krückstock anschließen. Nase und Brille andeuten.

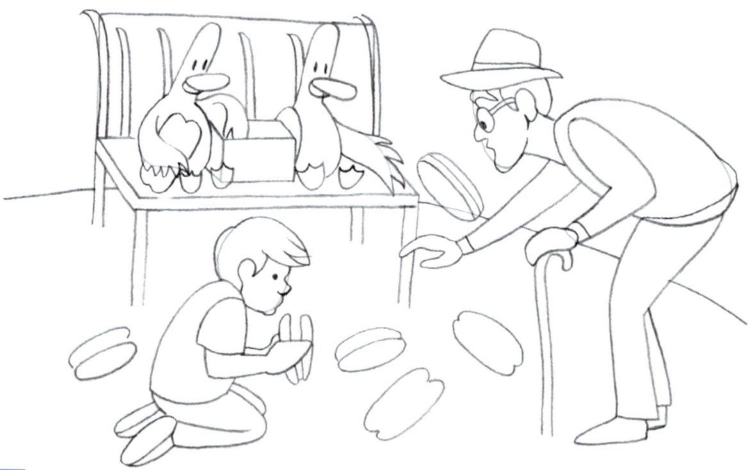

5

Auf der Rückenlehne der Bank die leicht gekrümmten Latten skizzieren. Die Augen der Enten einzeichnen, unter den Schnäbeln kleine Haken einfügen und die Füße ausarbeiten. Die gefiederten Ränder der Flügel andeuten. Für die Hotdogs zunächst einfache Ovale zeichnen und bei einigen die Brötchenhälften mit kleinen Dellen in den Schmalseiten verdeutlichen. Stirn, Nase, Wange, Kinn und Haare des Jungen deutlicher ausarbeiten und die Pupille als Punkt einzeichnen. Das Gesicht des alten Mannes verfeinern, dabei Pupille, Augenbrauen und Brille einzeichnen. Die Bündchen seines Pullovers und das Band am Hut hinzufügen.

6

Wieder überflüssige Hilfslinien ausradieren. Den Bogen der Rasenfläche durch kurze Striche für die Grashalme ersetzen. Die Enten bekommen durch Augenbrauen, Halsstreifen und Federbüschel auf dem Kopf mehr Charakter. Die Würstchen in den Hotdogs einzeichnen. Weitere Details der Schuhe, der Haare und der Kleidung ausarbeiten. Die Augen und Wangen der Personen verfeinern, Schuhsohlen und Stock des alten Mannes genauer zeichnen. Zuletzt die Streifen auf der Hotdog-Schachtel zeichnen und um den Mund des gierig schlingenden Jungen fliegende Krümel andeuten.

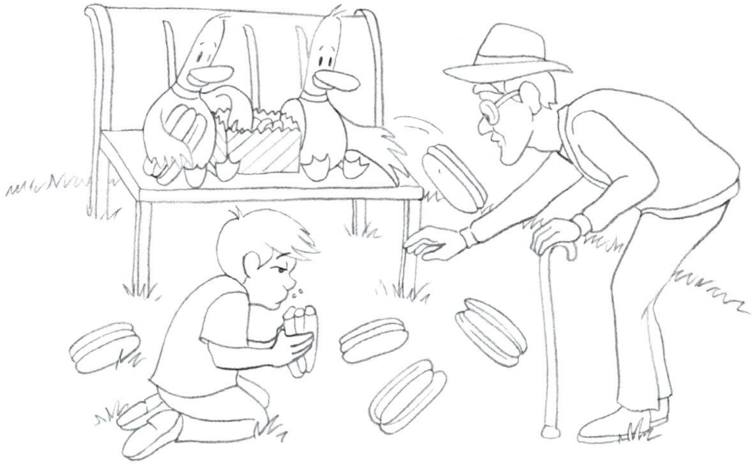

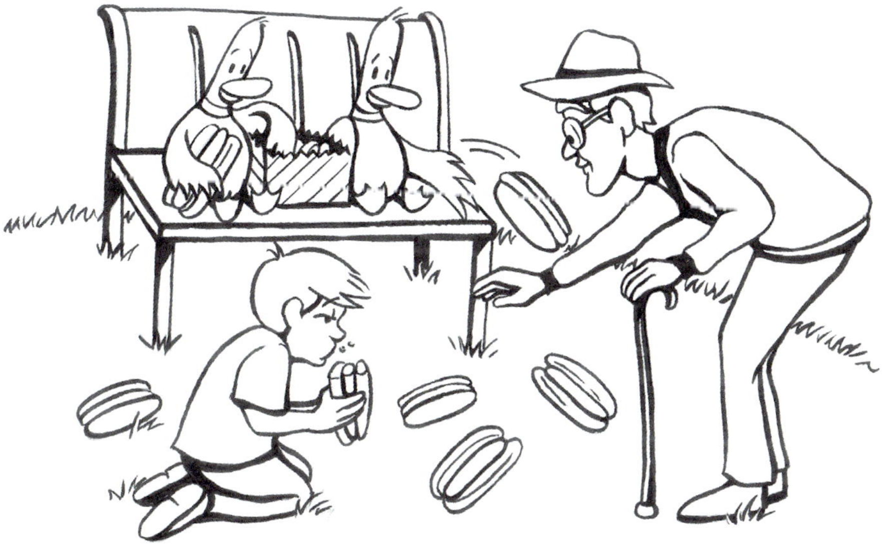

7

Alle Linien mit einem schwarzen Fineliner nachzeichnen. Schattenbereiche, etwa auf der Hotdog-Schachtel, unter Kleiderkanten und an den Beinen der Bank, werden geschwärzt.

Ins Gesicht geschrieben

Ein Tierkopf gliedert sich in Schädel und Schnauze. Die meisten Tiere erkennt man an der Schnauzenform und an den Augen und Ohren. In der Comic-Welt dürfen sie sich nach Lust und Laune verformen, in die Länge oder Breite wachsen oder alle möglichen Attribute wie Hörner, Flossen oder sogar Krönchen oder Antennen bekommen.

TIPPS

Comic-Tiere sind wie Comic-Figuren schlau oder dumm, gut oder böse, und ihre Gesichter können den gleichen Ausdruck annehmen wie ihre Herrchen und Frauchen. Mit ihren bizarren Hörnern, Stoßzähnen, Schnauzen und Schnäbeln bieten Tiere dem Comic-Zeichner endlose Möglichkeiten, unvergessliche Charaktere zu erschaffen.

Stets wohlgeformt: der Kopf

Der Kopf eines Menschen hat in erster Linie die Form eines Eis, selbst wenn man es in die Länge zieht oder etwas zusammenstaucht. Tierköpfe dagegen sind fast unendlich wandelbar. Schon das Quartett auf dieser Seite ist so unterschiedlich, dass das Herz des Comic-Zeichners bei ihrem Anblick lacht.

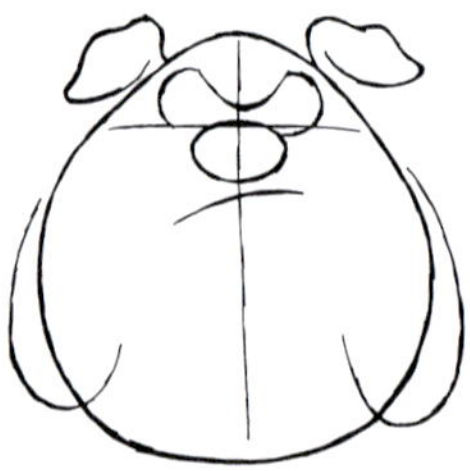

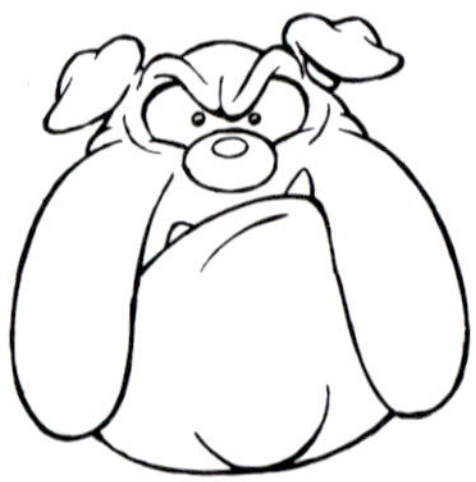

Hunde, die bellen ...

Ein Ei mit dicken Backen ist die Grundlage für diese Bulldogge. Dass sie sicher furchtbar bellt, aber eher davonrennt als beißt, verraten die viel zu kleine Nase und der Ausdruck der Augen.

Lieber Meister Petz

Rund und weich ist alles an diesem Bären und auch das nette Lachen signalisiert: Ich bin ein ganz Lieber.

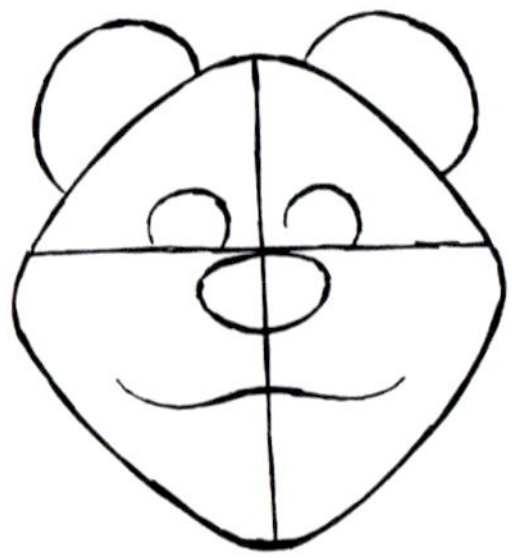

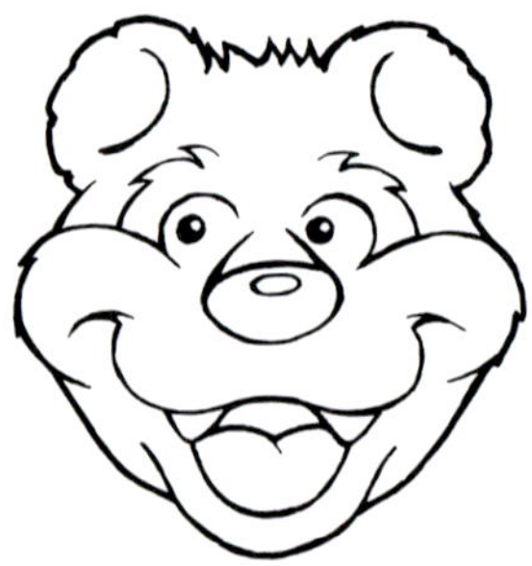

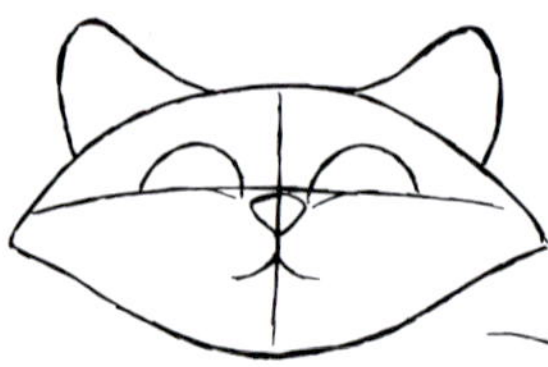

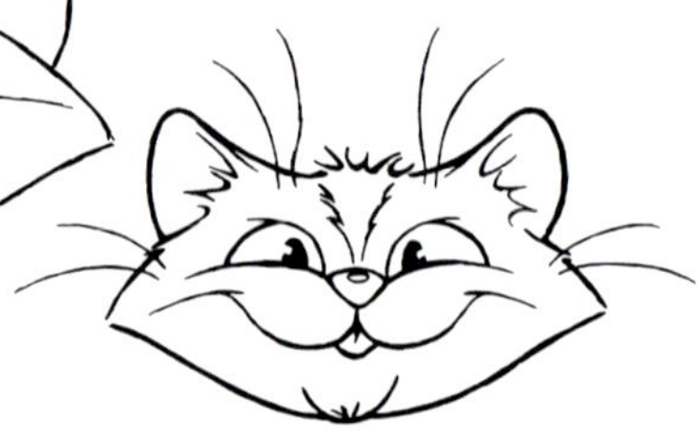

Süße Mieze

Ganz reizend ist auch diese Katze mit dem Kussmündchen. Sie entstand aus einer gerundeten diamantartigen Grundform und erhielt ein großes Lächeln und unternehmungslustig aussehende Schnurrbarthaare.

Gesichter ohne Grenzen

Was man aus einem Tier alles machen kann, zeigen diese beiden Beispiele nochmal ganz deutlich. Das Pferdchen links ist zwar auch schon eine Comic-Figur, aber das Pferd rechts ist so verrückt, dass man es gleich ins Herz schließt. Auch der Hase links ist ein niedlicher Geselle, aber noch viel ulkiger ist der Hase rechts. Die Technik ist übrigens einfach: Zeichnen Sie zuerst ein noch real aussehendes Tier wie den linken Hasen. Dann einfach Pauspapier darüberlegen und angstfrei draufloszeichnen.

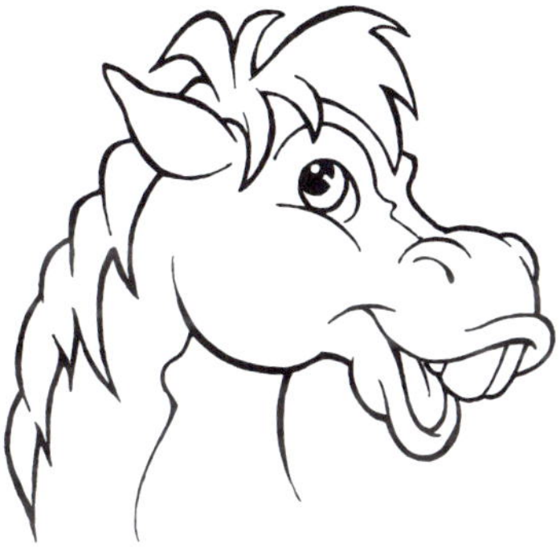

realistisch

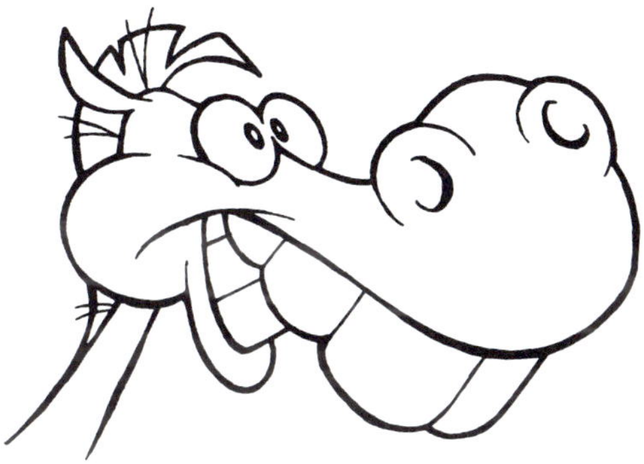

verrückt

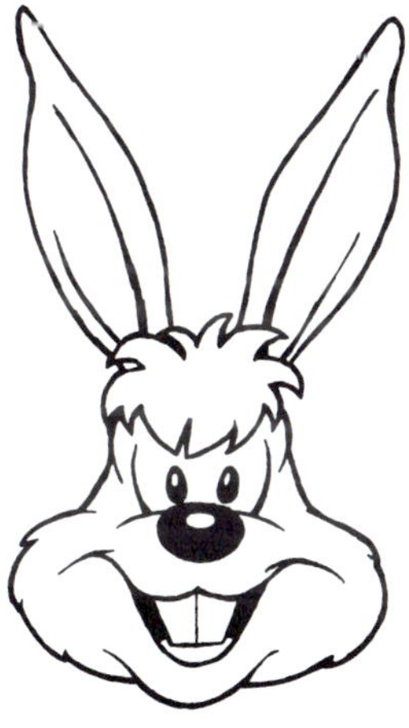

realistisch

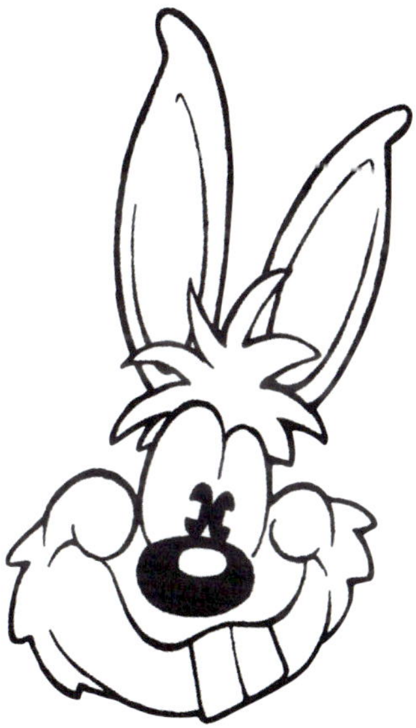

verrückt

Grummel, Grummel

Manchmal hat man mehr Lust, Tiere mit schlechter Laune zu zeichnen als solche, die immer und ewig gut drauf sind. Sollte der alte Ziegenbock eine gewisse Ähnlichkeit mit Opa haben, kann das nur purer Zufall sein …

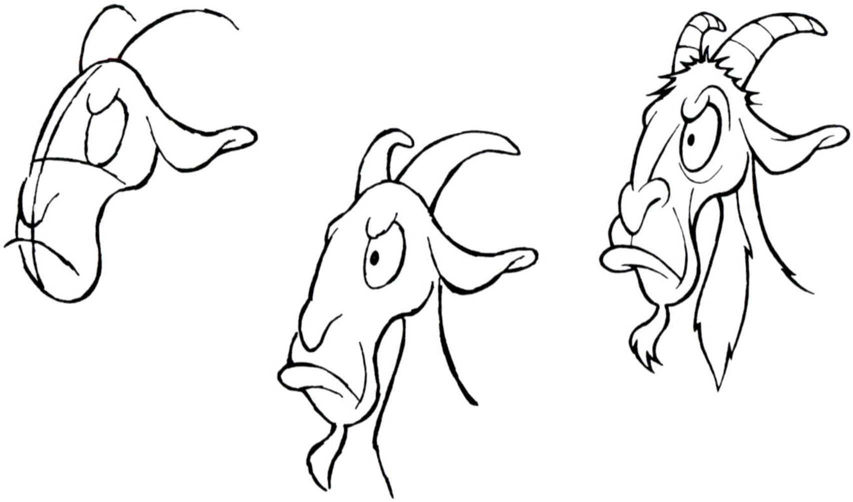

Lasst mich bloß in Ruhe

Auch dieser Ziegenbock beginnt seine Existenz als Bohne – allerdings hatte sie von Anfang an den richtigen „negativen" Schwung, der sich bis in die Hörner und den missmutig nach unten gezogenen Mund fortsetzt.

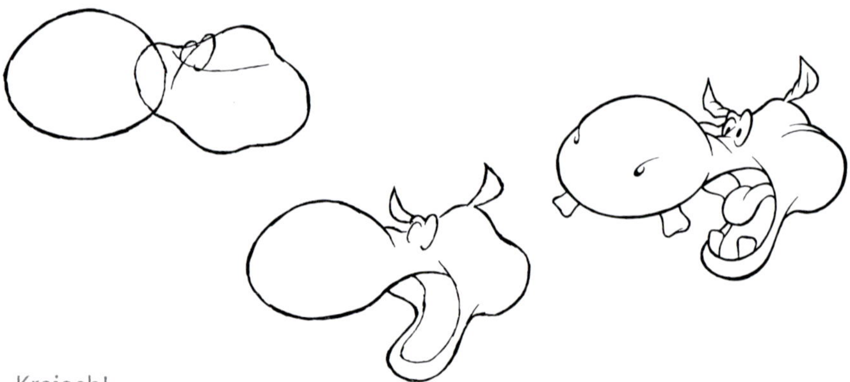

Kreisch!

Besonders lustig ist es immer, wenn ein riesengroßes, starkes Tier vor Schreck quietscht, wie dieses Nilpferd, dem vor Entsetzen die Augen aus dem Kopf treten und dem sogar die Ohren „zu Berge stehen".

TIPPS

Beginnen Sie immer mit einfachen Grundformen und entwickeln Sie daraus Ihre Figur weiter. Das hilft Ihnen besonders bei perspektivisch anspruchsvolleren Ansichten wie dem Profil und dem Dreiviertelprofil. Üben Sie immer wieder, Comic-Köpfe aus Grundformen zu entwickeln. Das geht auch prima zwischendurch. Üben Sie einfache und komplexere Ausarbeitungen.

Tierische Schnauzen

Auch wenn sie lachen oder schreien, beleidigt oder superschlau aussehen – überzeugende Tiergesichter beginnen am besten mit einem Kreis und entsprechenden Hilfslinien wie jedes menschliche Gesicht. Dann einen kleineren Kreis für die Schnauze oder das Maul dazuzeichnen. Üben Sie mit diesen Gesichtern, und wenn Sie sich sicher fühlen, denken Sie sich eigene Tiere aus.

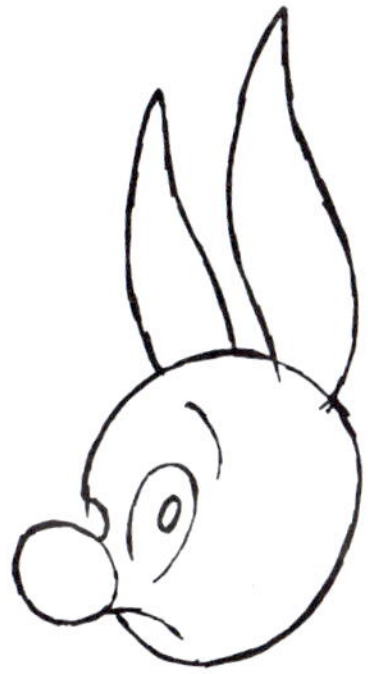

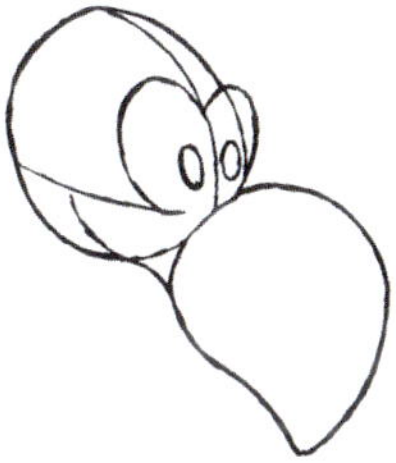

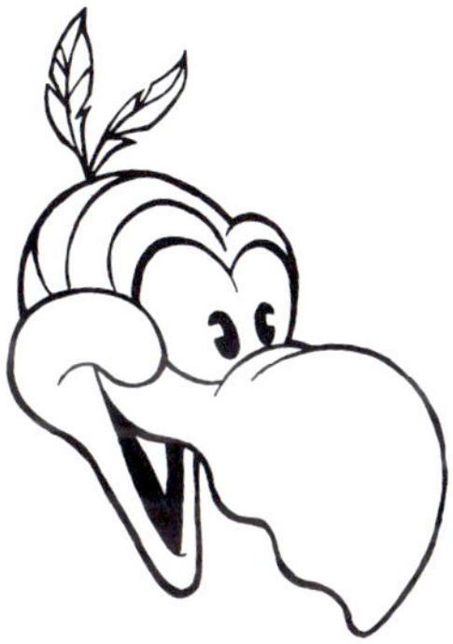

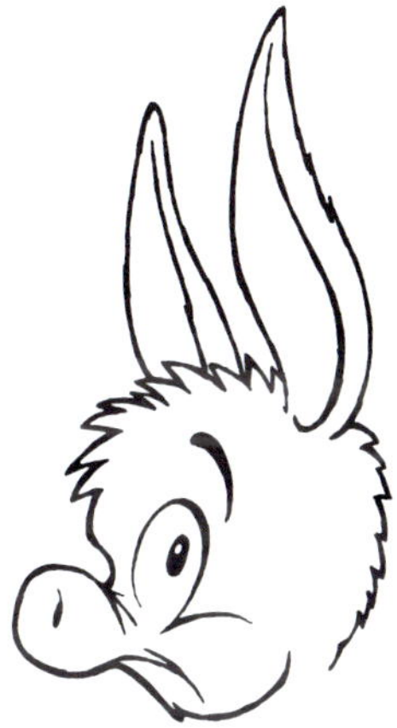

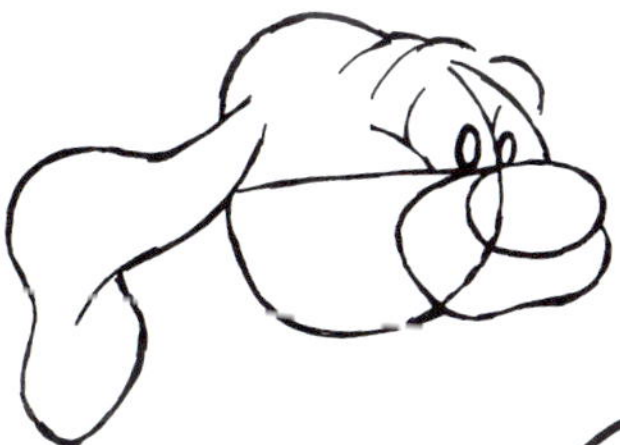

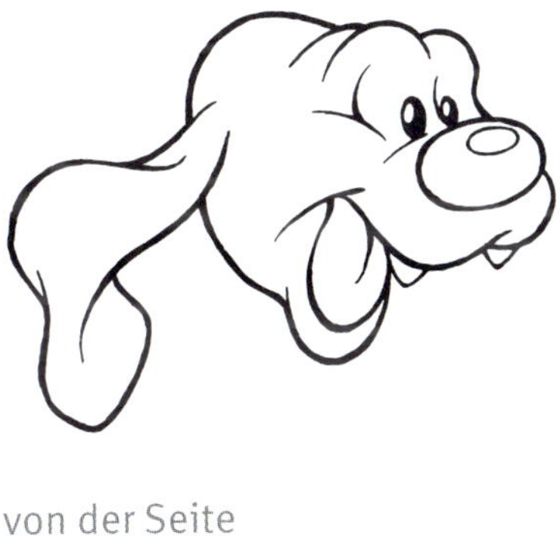

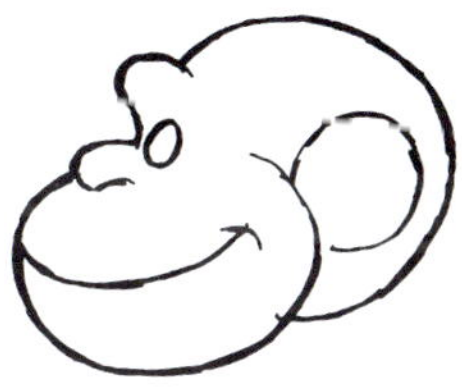

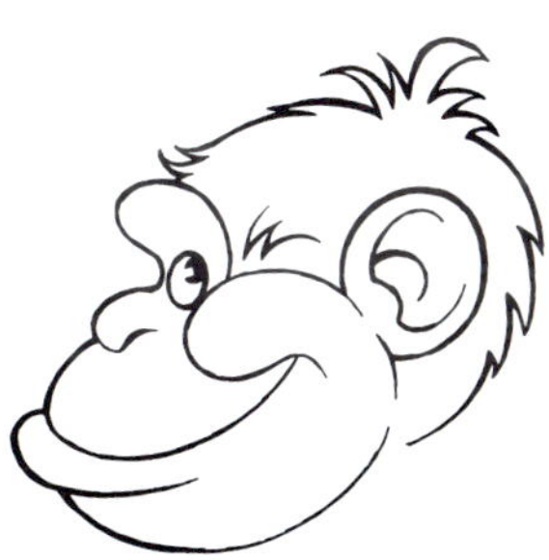

Im Profil und von der Seite

Tiere haben ganz klare Profile und schon Kinder erkennen Affen und Esel in der seitlichen Ansicht auf Anhieb. Eine Dreiviertelansicht kann auch so oft gezeichneten Tieren wie einem Hund oder einem Papagei eine interessantere Note verleihen.

Köpfe konstruieren

Um einen Cartoon-Kopf zu zeichnen, fügt man in die Grundform zuerst zwei Hilfslinien ein. Die Mittellinie sorgt für das optische Gleichgewicht, die Bewegungslinie legt die Ausrichtung der Bewegung fest. In diesem Fall entsteht die Bewegung durch den schrägen Sitz der Mütze und den Gesichtsausdruck. Anhand dieser Hilfslinien können Sie den Kopf systematisch aufbauen.

Die Grundform des Kopfes ist ein Kreis. Die Mütze ist aus einem Zylinder und einer Ellipse zusammengesetzt.

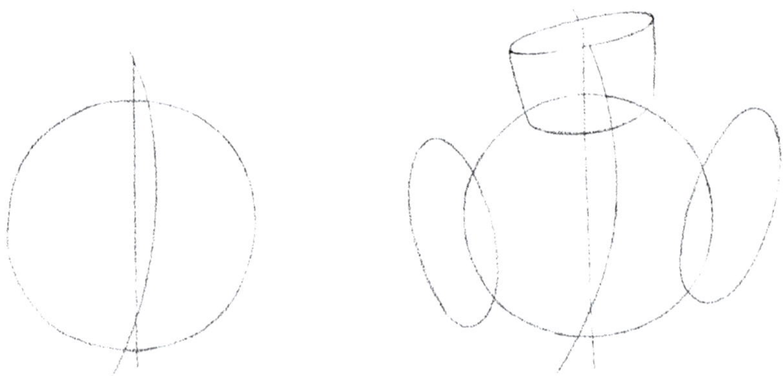

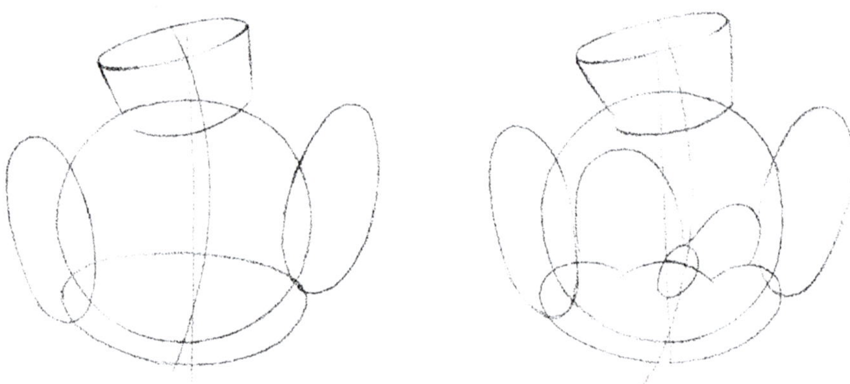

Wenn diese Formen gezeichnet sind, werden Ohren, Mund und Augen angefügt.

Verlieren Sie sich zu Beginn nicht gleich in Details. Das Gesicht einer Comicfigur, ob menschenähnlich oder Tier, besteht zunächst aus dem Umriss einer Grundform. Erst nach und nach kommen Augen, Ohren, Mund und Nase hinzu sowie die comictypischen Verzerrungen oder Verformungen.

TIPPS

Die Pupille zeichnen Sie in den oberen linken Bereich des Auges. Eine Wellenlinie über dem rechten Auge deutet an, dass dieses skeptisch zusammengekniffen ist.

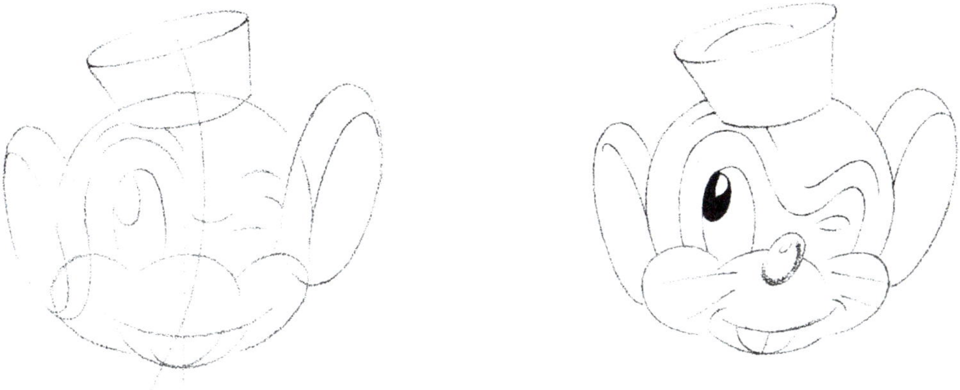

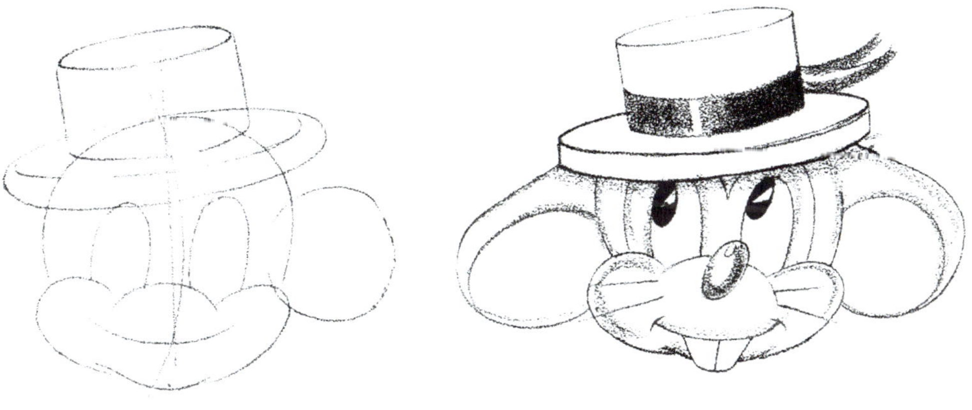

Wenn die Figur statt der Mütze einen Hut trägt und ihr rechtes Auge weit geöffnet ist, wirkt ihr Gesichtsausdruck völlig anders.

Mimik

Im Cartoon gibt es kein „richtig“ oder „falsch“. Jeder Zeichenstil, ob sauber und exakt oder eher lässig, kann zu großartigen Ergebnissen führen.

TIPPS

Die Arbeit eines Comic-Zeichners lässt sich mit der Schauspielerei vergleichen: Sie müssen lernen, verschiedenste Emotionen darzustellen: Freude, Verzweiflung, Wut, Begeisterung, Angst, Nervosität, Enttäuschung und so weiter. Am besten studieren Sie Ihre eigene Mimik vor dem Spiegel. Wählen Sie dann eine Figur, und zeichnen Sie ihr Gesicht mit verschiedenen Gesichtsausdrücken. In diesen Beispielen wurde die Mimik übertrieben, um die Emotionen zweifelsfrei darzustellen.

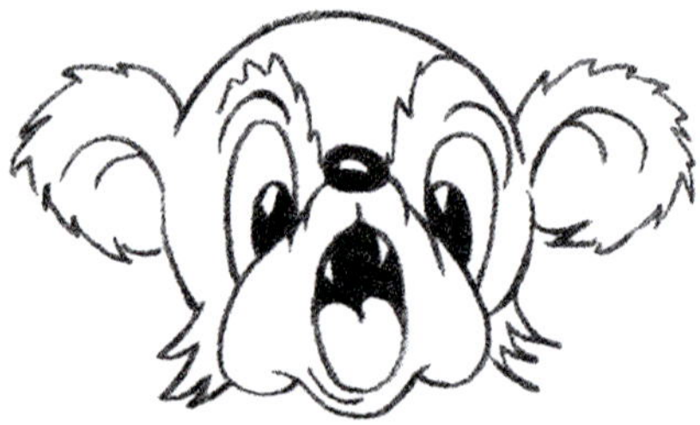

aufmüpfig

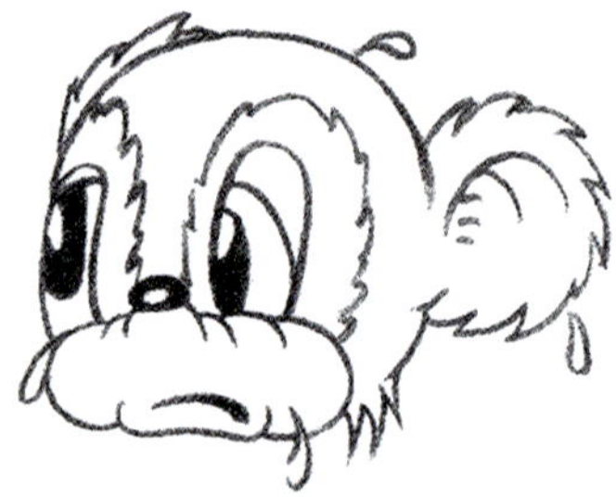

traurig

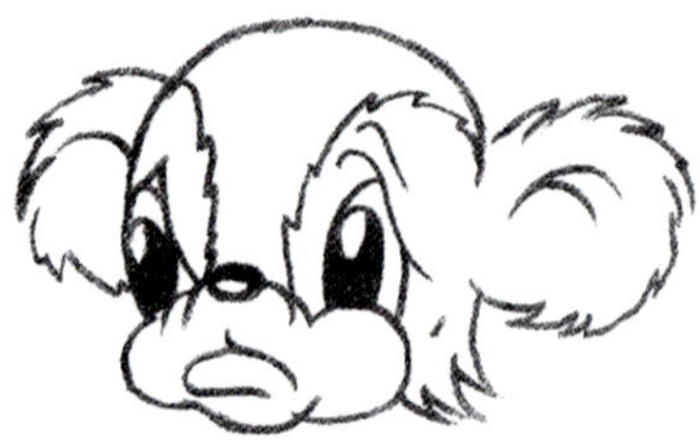

besorgt

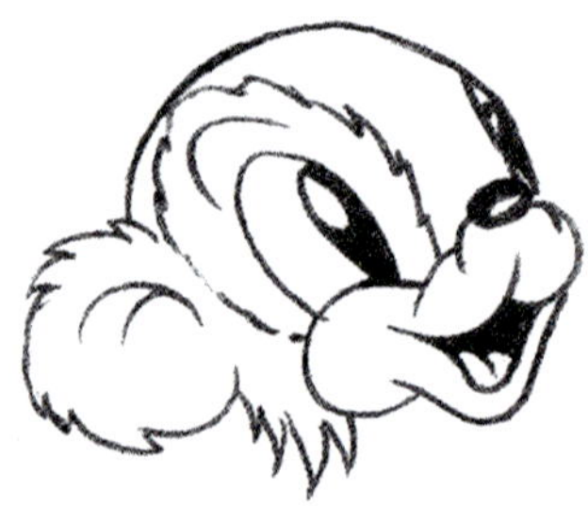

fröhlich

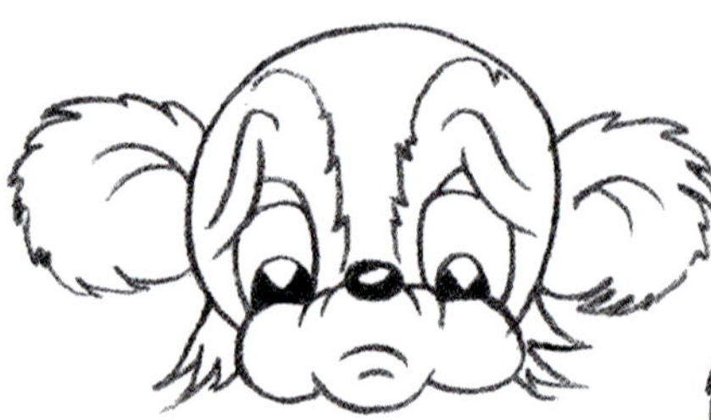

niedergeschlagen

Gesichter können schräg gestellt, zusammengedrückt oder gedehnt sein, um Emotionen auszudrücken.

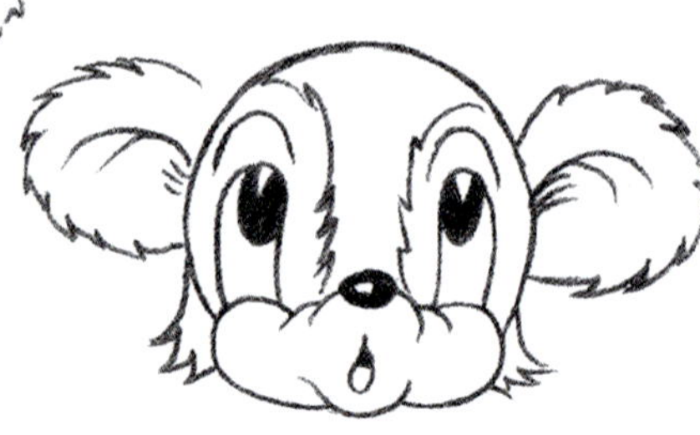

erstaunt

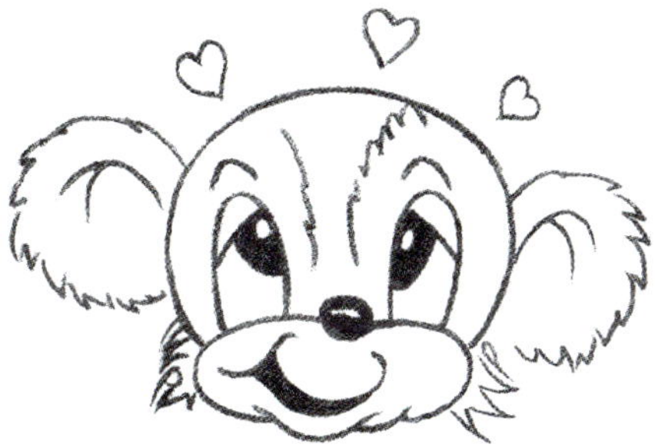

verliebt

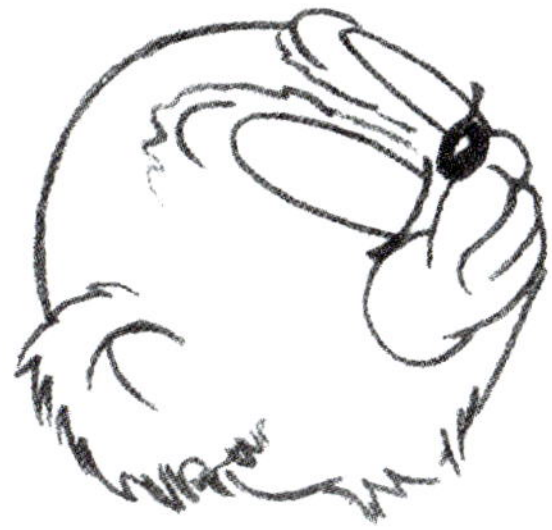

selbstgefällig

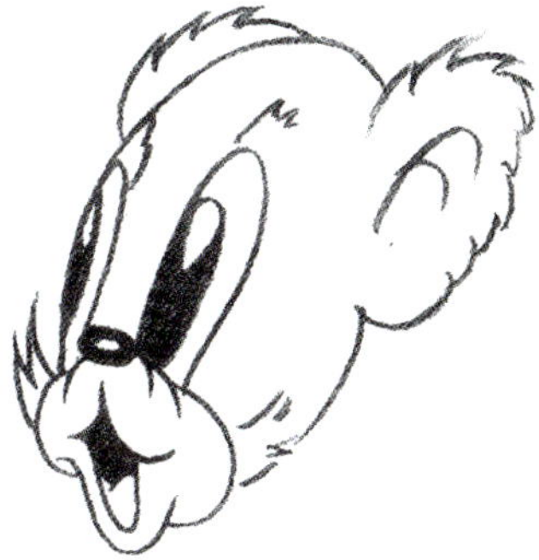

überrascht

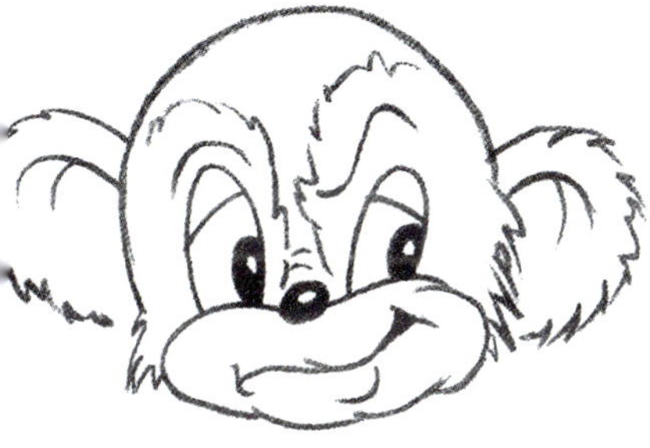

skeptisch

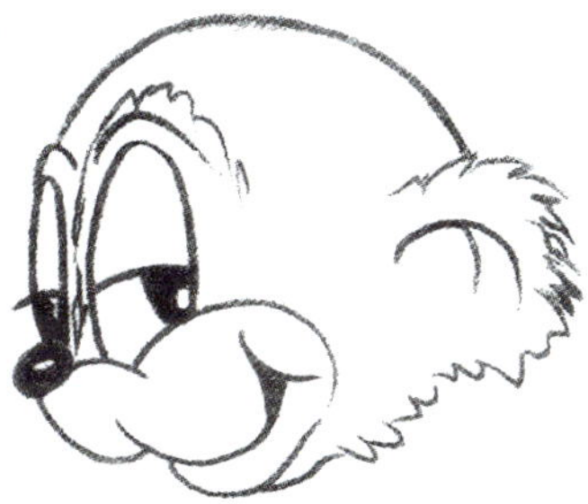

schüchtern

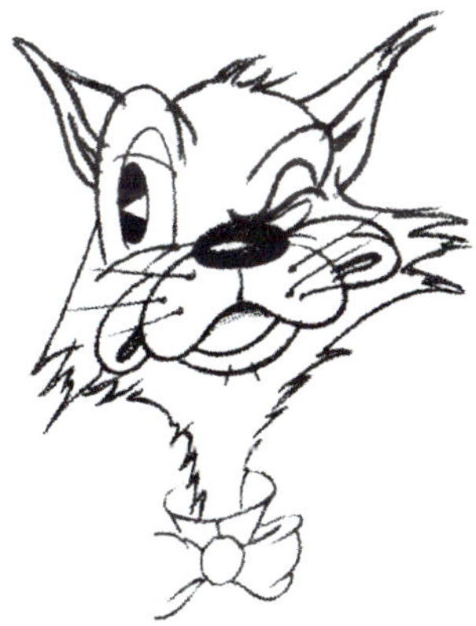

ungläubig

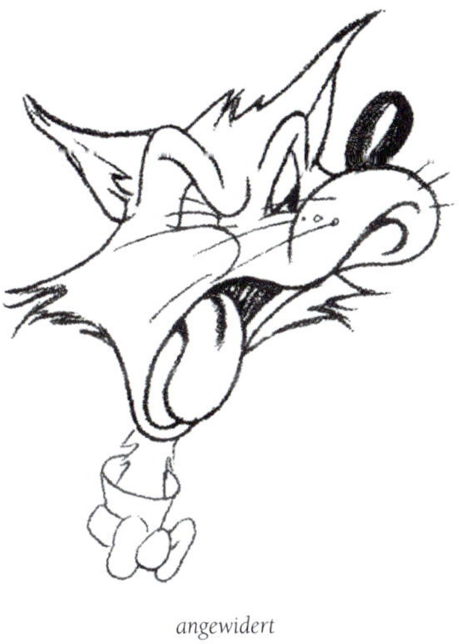

angewidert

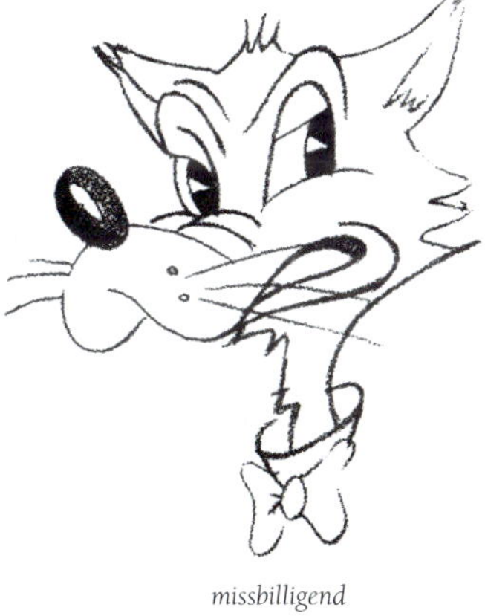

missbilligend

Körpersprache

Die Tierwelt hat teilweise sehr bizarre Körperformen hervorgebracht wie Giraffen, Schlangen oder den Pelikan mit seinem Riesenschnabel – und oft weiß man nicht genau, wie man diese Wunder der Natur richtig in Bewegung setzt! Trotzdem gibt es Wege, die Ihnen helfen, auch die erstaunlichsten Kreaturen der Schöpfung richtig darzustellen. Das Wichtigste: Halten Sie die Augen offen und sehen Sie sich Tiere in allen Lebenslagen ganz genau an. Es gibt Tierdokumentationen im Fernsehen, es gibt Bücher und Zeitschriften. Gehen Sie in den Tierpark. Verfolgen Sie Ihren Hund, Ihre Katze, Ihren Kanarienvogel oder Goldhamster mit dem Bleistift. Wenn Sie ein Tier einmal richtig gut zeichnen können, kann es immer wieder in Ihren Comics auftauchen. Zeichnen Sie auch die Tiere auf dieser Seite immer wieder nach – hier können Sie üben, Tiere im Stand, im Sitzen, beim Hüpfen und in schneller oder langsamer Bewegung abzubilden.

TIPPS

Beim Comiczeichnen geht es darum, Gestalten zu entwickeln, die witzig und liebenswert sind – und doch als Tiere erkennbar. Es liegt in der Hand des Zeichners, ein echtes Tier so zu verändern, dass Qualitäten zum Vorschein kommen, die außer ihm vielleicht noch niemand anderes gesehen hat.

1

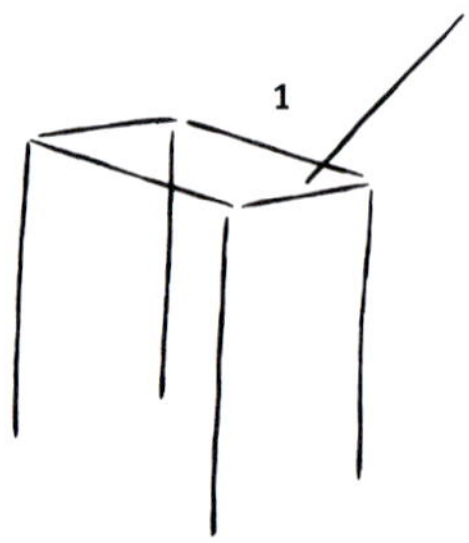

2

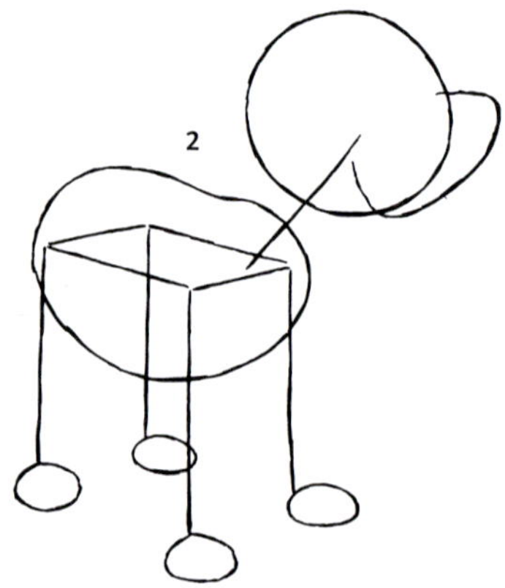

Frech und schlau

Einer der sichersten Wege, eine vierbeinige stehende Comic-Figur zu entwerfen, ist, mit einem Tisch zu starten. Dann einen Strich anbringen für den Hals und eine Bohne in passender Größe für den Körper zeichnen. Es fehlen nur noch ein Kreis für den Kopf und Ovale für die Füße. Die Ovale unten abflachen, damit der Hund fest auf dem Boden steht.

3

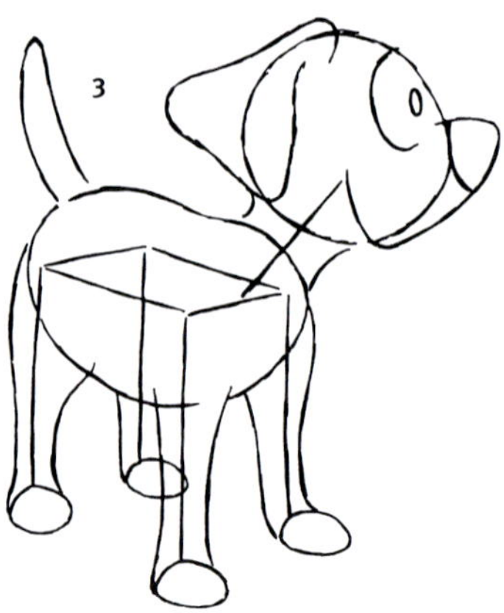

4

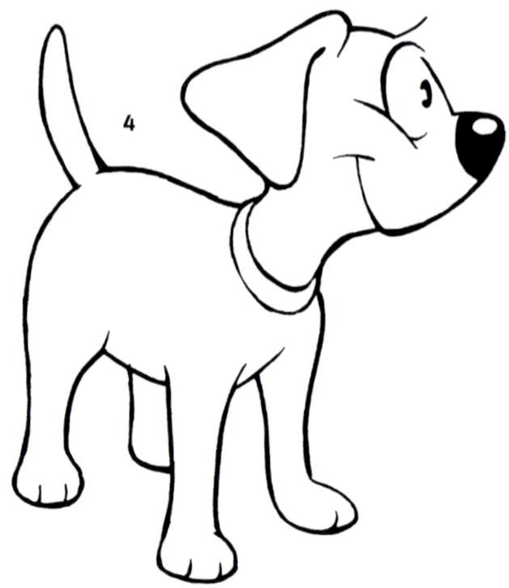

Sitz!

Stellen Sie sich vor, dass der Tisch Beine aus Gummi hat – dann können Sie ihn in jede Position bringen. Sobald die Tischplatte und die Beine an Ort und Stelle sind, zeichnen Sie wieder eine Bohne als Körper, Kopf und Hals – fertig.

1

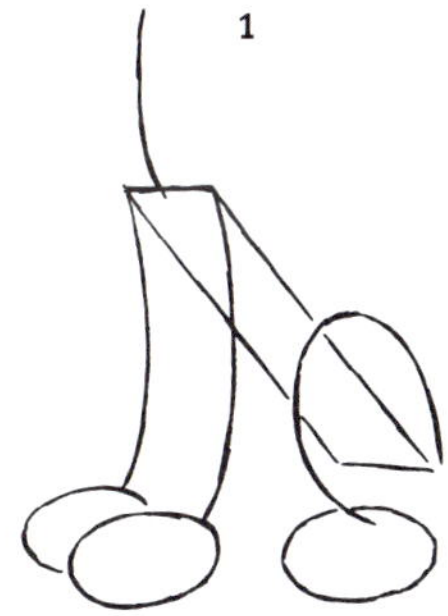

2

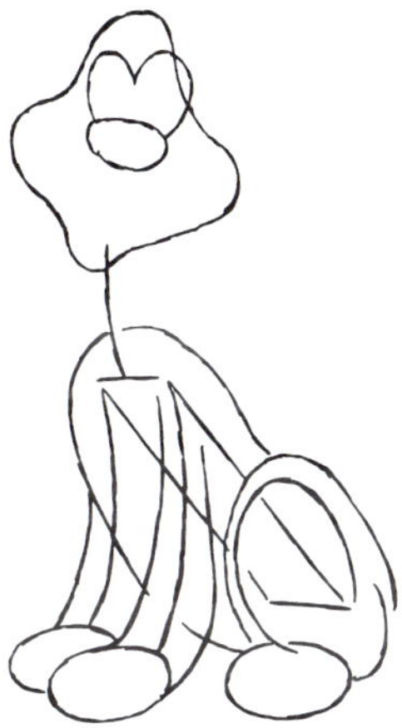

3

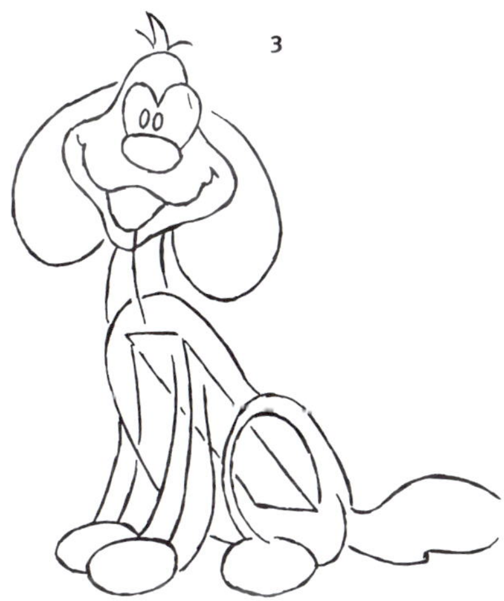

4

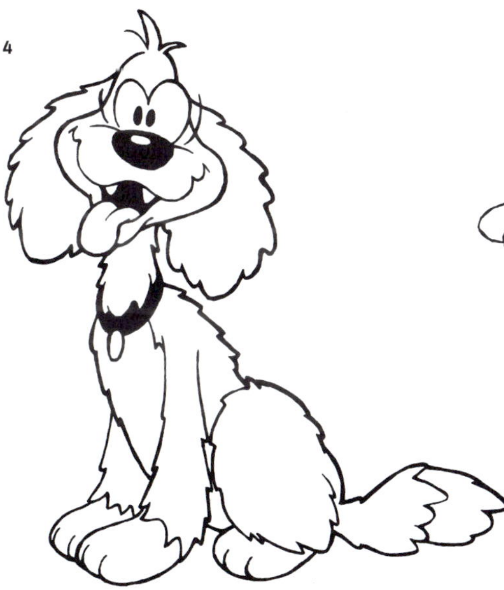

Tiere in Bewegung

Je realistischer ein Tier gezeichnet ist, desto authentischer sollten seine Bewegungen sein. Je eigenwilliger ein Tier auftritt, desto unkonventioneller darf es sich auch durch die Comicwelt bewegen. Auch hier hilft eine frühzeitig eingezeichnete Aktionslinie, den Körperbau auf die Bewegung abzustimmen.

Sobald Sie Ihre Gestalten im Stehen und im Sitzen sicher zeichnen können, können Sie sie in Bewegung setzen. Achten Sie auf die Kleinigkeiten. So bewegt ein Hund seine Vorderläufe, ein Elefant dagegen seine hinteren Beine ganz ähnlich wie ein laufender Mensch. Bewegungen beginnen Sie mit der sogenannten Aktionslinie, die in etwa dem Verlauf der Wirbelsäule folgt. Anschließend dem Körper Volumen verleihen.

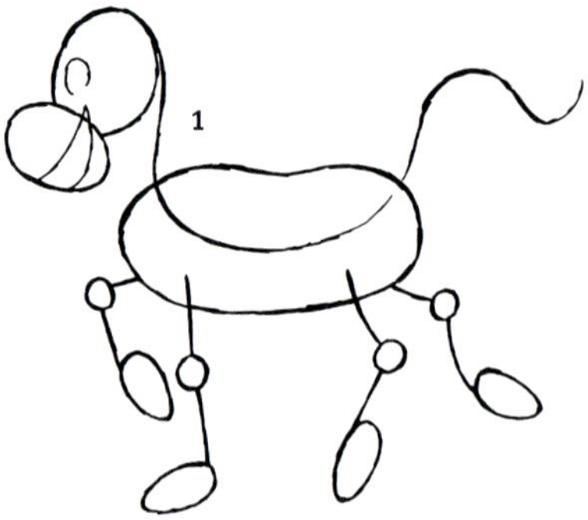

1

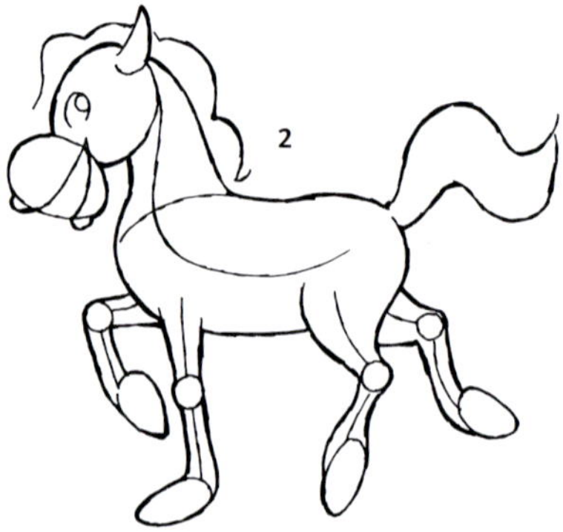

2

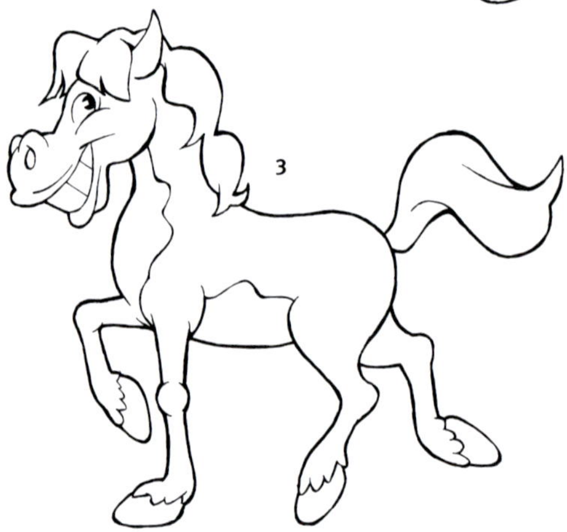

3

TIPPS

Zum Wiehern

Diese Pferdedame trägt ein breites Grinsen im Gesicht, ihr Gang wirkt herausfordernd und dazu noch die dicken Hufe! Trotzdem erkennt man sofort, dass sie ein Pferd ist – und man sieht sogar, dass sie trabt, weil der Zeichner die Bewegung völlig realistisch wiedergegeben hat.

Hopp, hopp, hopp

Mit nur wenigen Strichen wurde das Känguru so verfremdet, dass es ohne Weiteres durch jeden Comic hüpfen kann: Während auch hier die eigentliche Bewegung völlig realistisch eingefangen ist, erhielt das Känguru einen Riesenbauch, adrette Pfötchen und weiche Schlappohren, die im Wind wehen.

1

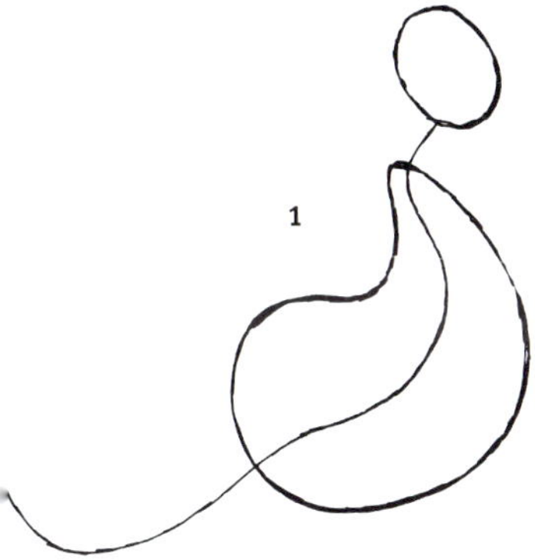

2

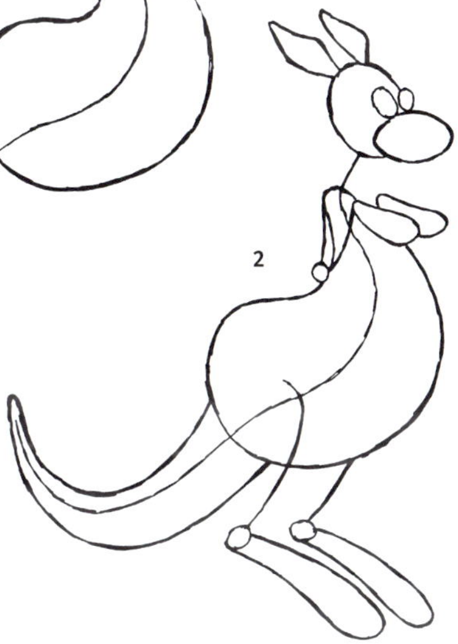

3

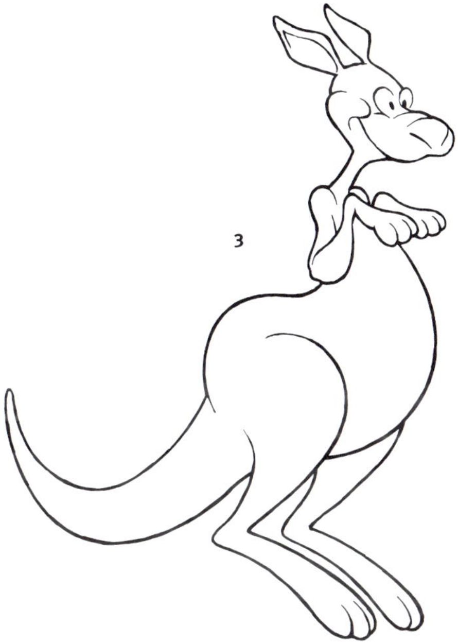

1

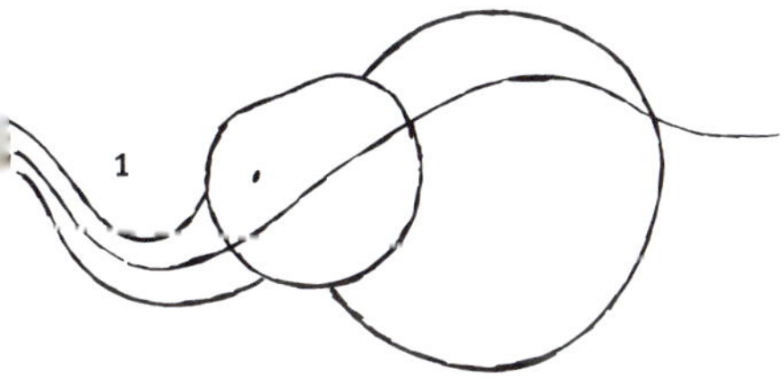

2

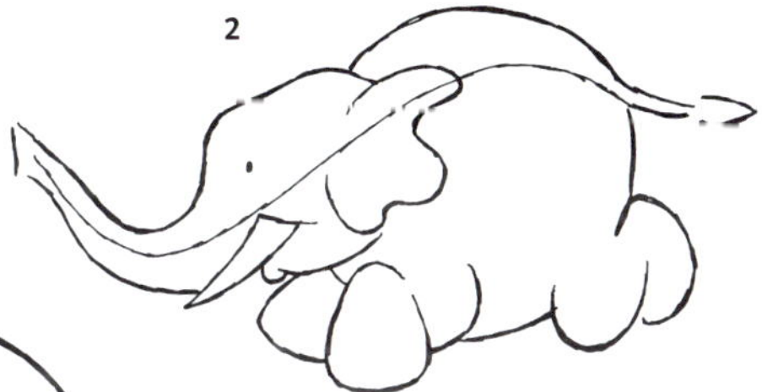

3

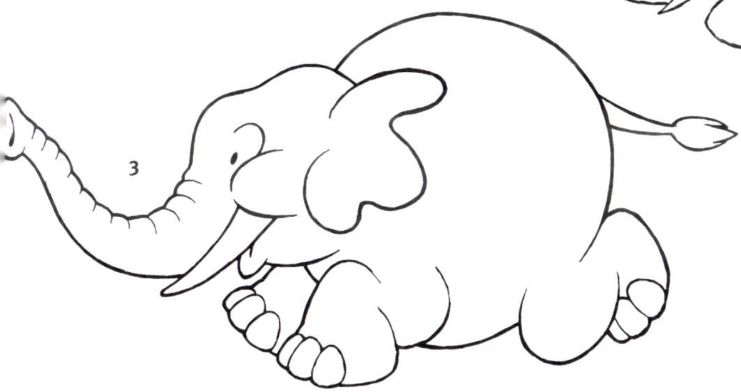

Rasender Jumbo

Dieser Elefant scheint nur aus einem Ballon und vier Füßen zu bestehen – trotzdem sieht er aus, als würde er rasend schnell rennen: Rüssel und Schwanz sind in „Flugrichtung" ausgestreckt, die Ohren vom schnellen Lauf gegen den Körper gepresst und das freudige Lächeln sagt uns, dass hier jemand einer großen Freude entgegenstürmt.

Hufe oder Hände?

Comic-Tiere haben nie fünf Finger an der Hand, sondern drei oder vier. Die Hufe und Klauen und Pferden, Kühen oder Schweinen werden oft als Hände mit Handschuhen gestaltet.

TIPPS

Ein beliebtes Stilmittel des Cartoons besteht darin, Tiere auf die Hinterbeine zu stellen und die Vorderbeine in menschliche Arme und Hände zu verwandeln – wie bei dem begeistert winkenden Hund. Allerdings haben Cartoon-Hände oft nur drei Finger und einen Daumen.

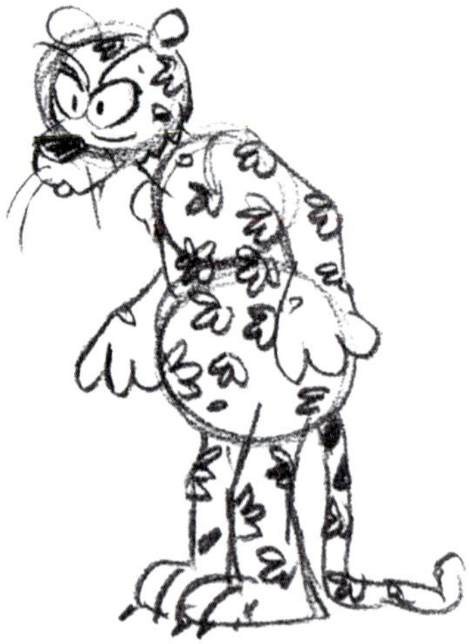

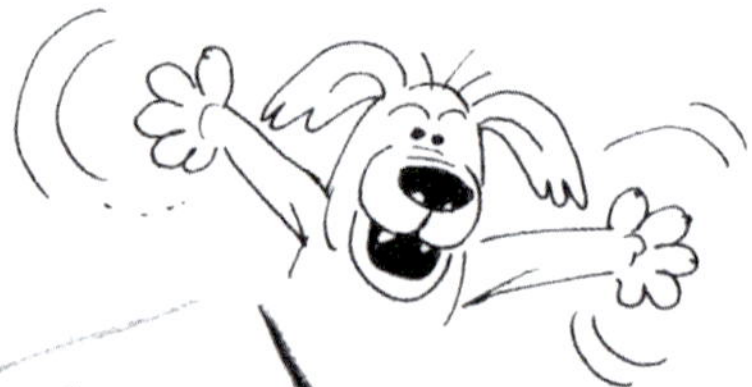

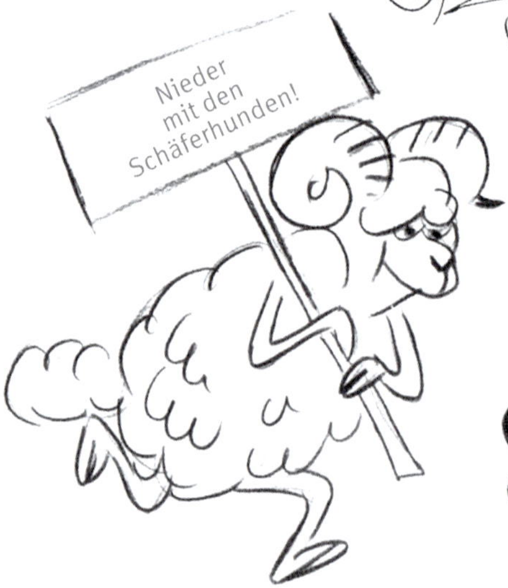

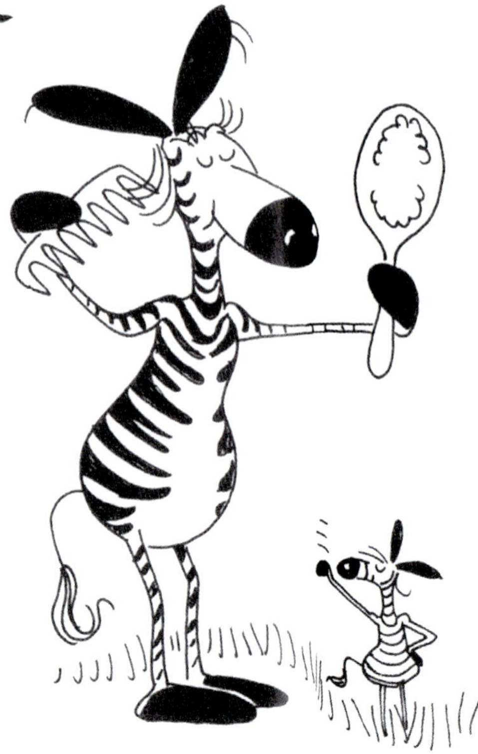

Huftiere wie der Widder und das Zebra brauchen keine Finger, um zu gestikulieren oder Dinge festzuhalten.

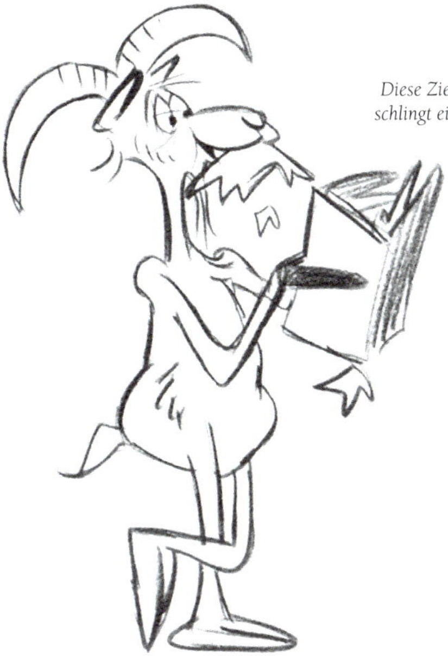

Diese Ziege verschlingt ein Buch.

Nicht immer lassen sich Pfoten oder Hufe in menschliche Hände verwandeln. Die Ziege (rechts) sieht mit Fingern etwas merkwürdig aus. Einige typische Merkmale des Tiers müssen wegen des Erkennungswerts erhalten bleiben.

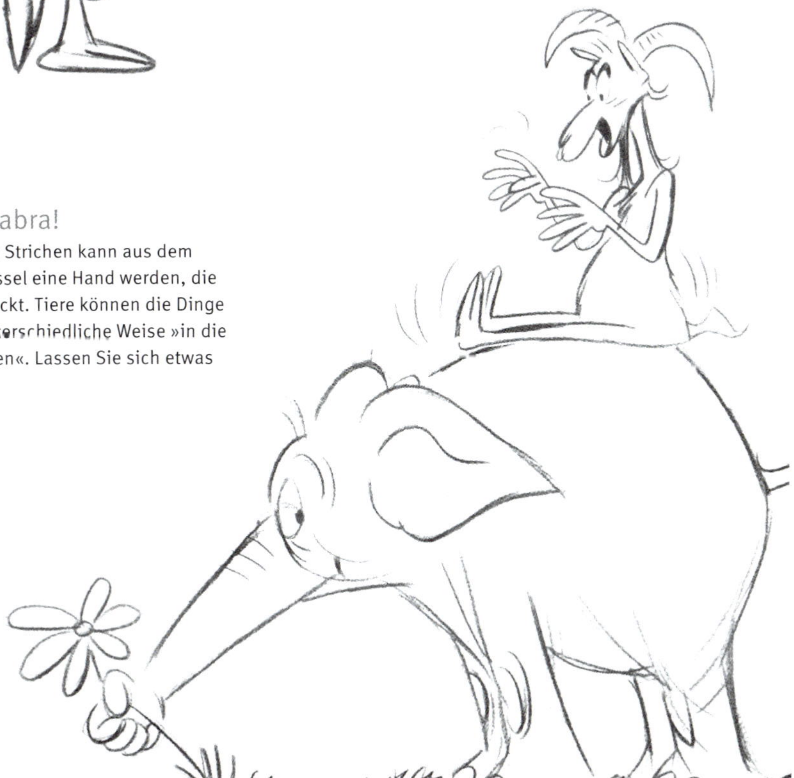

Abrakadabra!

Mit wenigen Strichen kann aus dem Elefantenrüssel eine Hand werden, die Blumen pflückt. Tiere können die Dinge auf ganz unterschiedliche Weise »in die Hand nehmen«. Lassen Sie sich etwas einfallen!

Allerlei Augen

Eine gute Inspirationsquelle sind Zeichentrickfilme, die Sie auch mit Ihren KIndern anschauen können. Mit dem Pausenknopf auf der Fernbedienung können Sie den Film anhalten. Zeichnen Sie Skizzen von interessanten Posen, Gesten oder Szenen.

TIPPS

Bevor Sie sich an Cartoons oder Karikaturen mit Tieren versuchen, sollten Sie wissen, wie echte Tiere aussehen. Alle Cartoon-Zeichner lernen zuerst, realistische Tiere zu zeichnen. Erst danach folgen Verfremdungen. Bei einem realistischen Tier sitzen die Augen normalerweise seitlich am Kopf. Im Cartoon können sie auch tellergroß, flach wie Pfannkuchen oder schmal wie Schlitze sein. Lassen Sie Ihrer Fantasie freien Lauf!

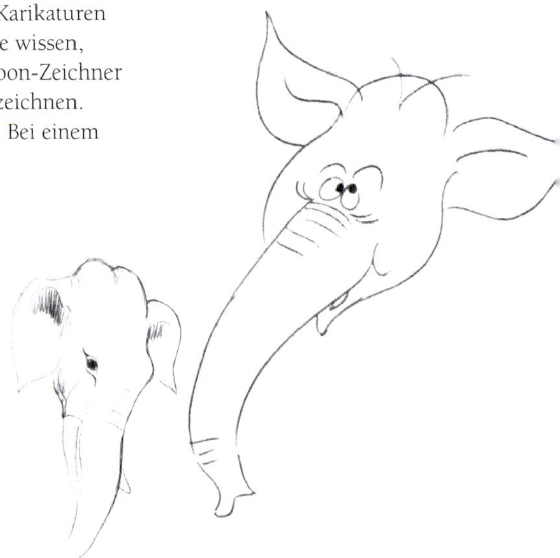

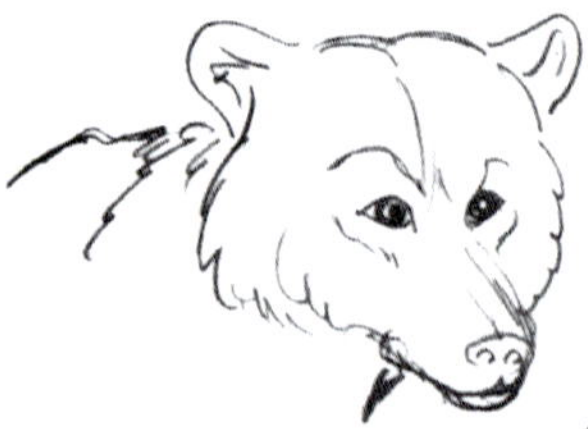

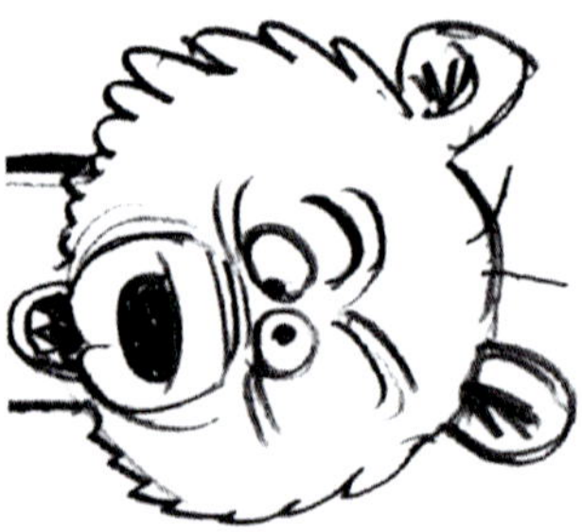

Aus einem Grizzly wird ein witziges Comic-Tier

Diese Beispiele zeigen, wie sich Ausdruck und Wirkung eines Tiers durch witzige Augen verändern lassen.

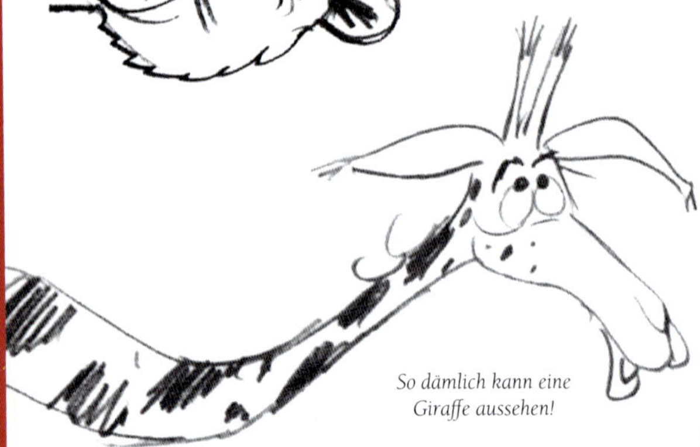

So dämlich kann eine Giraffe aussehen!

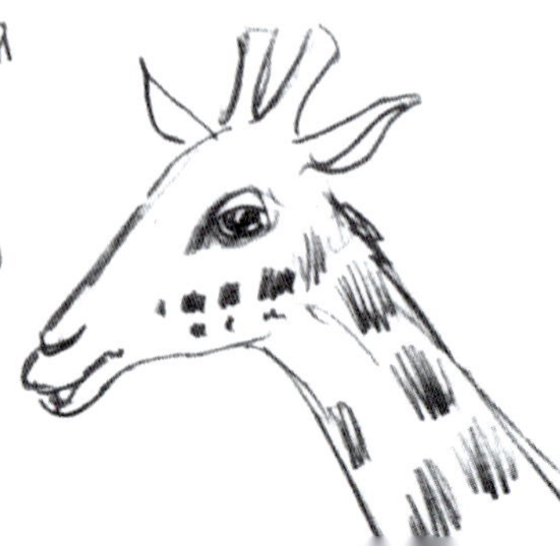

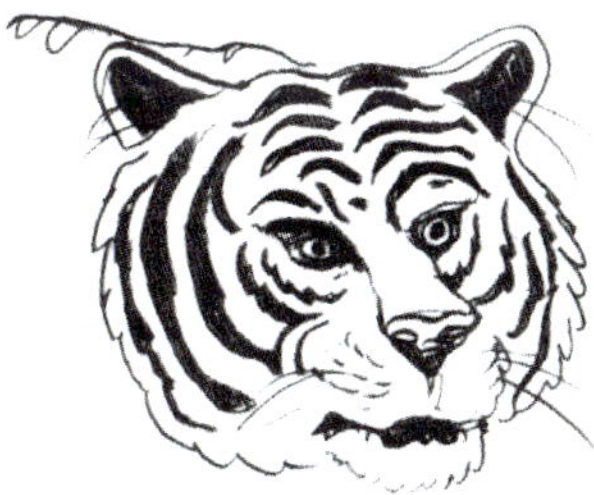

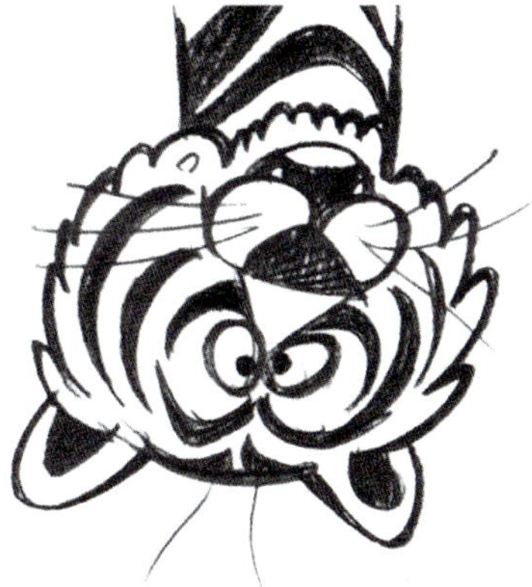

Beide Augen berühren sich? Bei diesem Comic-Tiger durchaus möglich.

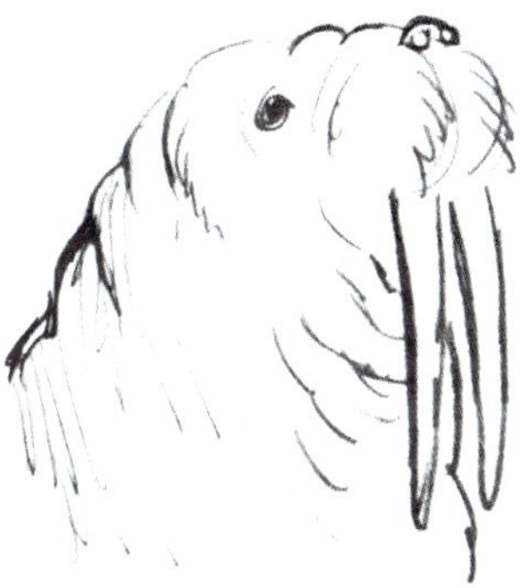

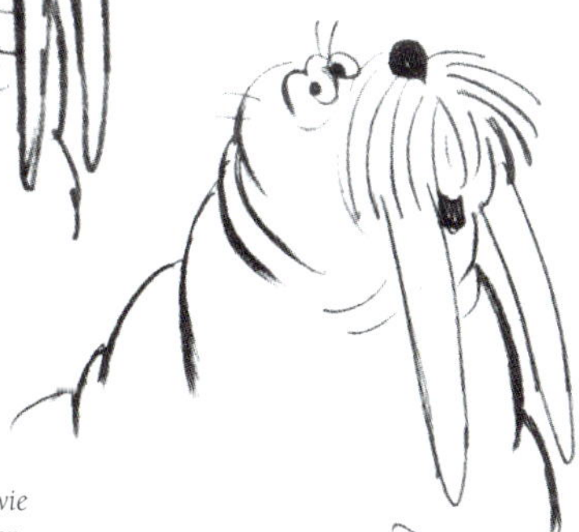

Ein Walross kann wie Onkel Paul aussehen.

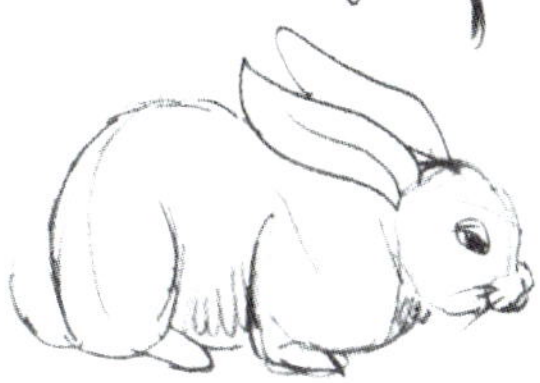

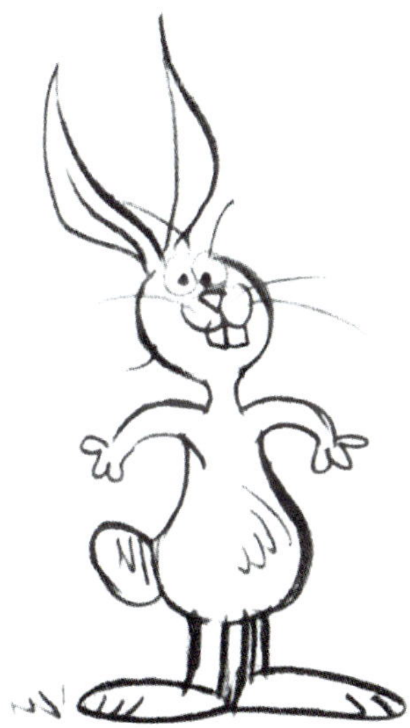

Herr Hase mit Glubschaugen und Riesenzähnen. Die Ohren und Barthaare wollen heute gar nicht sitzen.

Realistische Vorbilder

Ebenso wie eigene Fotografien können Sie natürlich auch Bildquellen aus dem Internet oder Illustrationen und Fotos aus Zeitschriften oder Büchern als Grundlage nutzen. Je genauer Sie die Vorlagen realistischer Tiere studieren und abzeichnen, desto besser werden Ihnen später comichafte Verfremdungen gelingen.

TIPPS

Tiere müssen in Cartoons einerseits realistisch dargestellt werden, aber sie müssen auch Emotionen vermitteln. Es geht darum, Muskeln, Knochen, Federn oder Fell so realistisch zu zeichnen, dass die Tiere glaubwürdig wirken, und gleichzeitig zweifelsfrei als Cartoons zu erkennen sind. Die Gesichtszüge müssen vermenschlicht werden, um sie effektvoll übertreiben zu können.

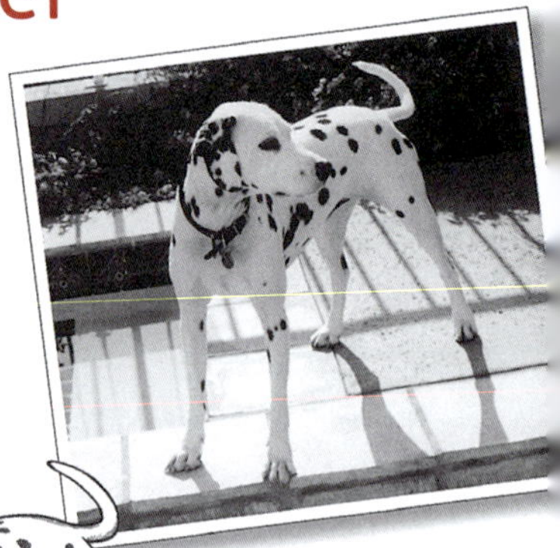

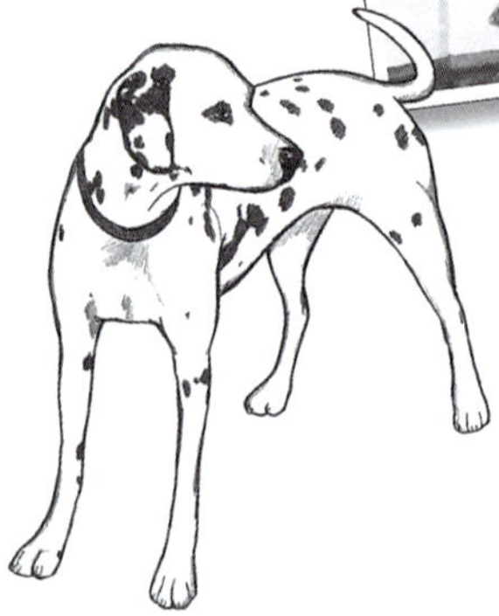

Realistische Darstellung

Beim realistischen Abzeichnen vom Foto können einige Details wie Maul, Stirn und Halsband vereinfacht werden. Dennoch wirkt der Hund insgesamt sehr naturgetreu.

Ein Foto als Grundlage

Fotos sind als Vorlagen hilfreich. Versuchen Sie zuerst, das Tier realistisch zu zeichnen. Danach können Sie es vereinfachen und Bewegung oder Ausdruck betonen. Dann können Sie Ihrer Kreativität freien Lauf lassen. Das Foto dient zur Orientierung und ist keine Zwangsjacke!

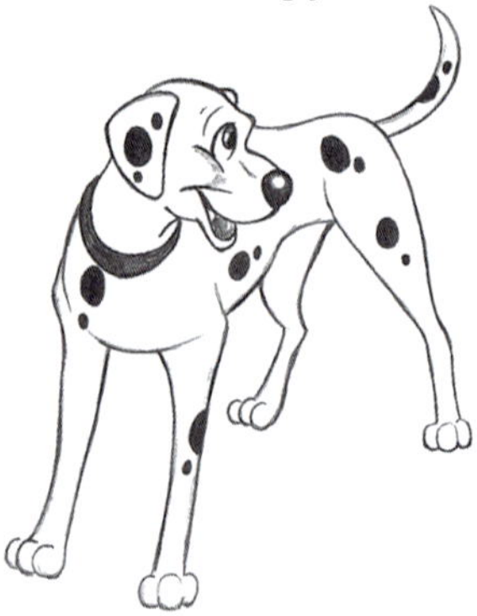

Leichte Verfremdung

Beim »realistischen« Cartoon sind Körperbau und Fellzeichnung leicht stilisiert. Gesicht und Füße sind geringfügig vergrößert.

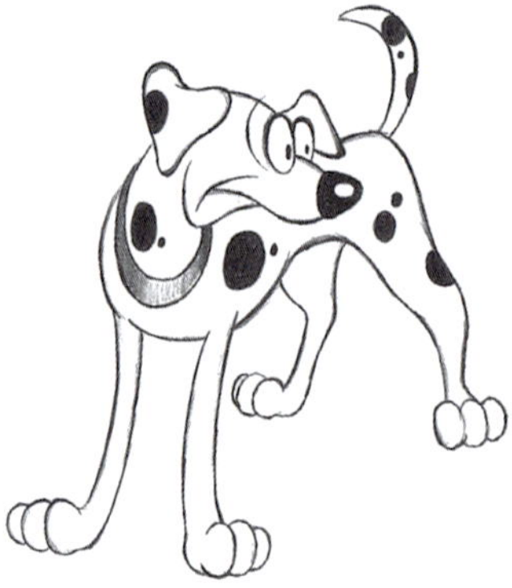

Stärkere Verfremdung

Sie können Position und Form der Ohren verändern, die Nase vergrößern, die Augen vorschieben oder die Gliedmaßen wie Gummi zeichnen. Trotz der Verfremdungen ist der Hund noch als Dalmatiner zu erkennen.

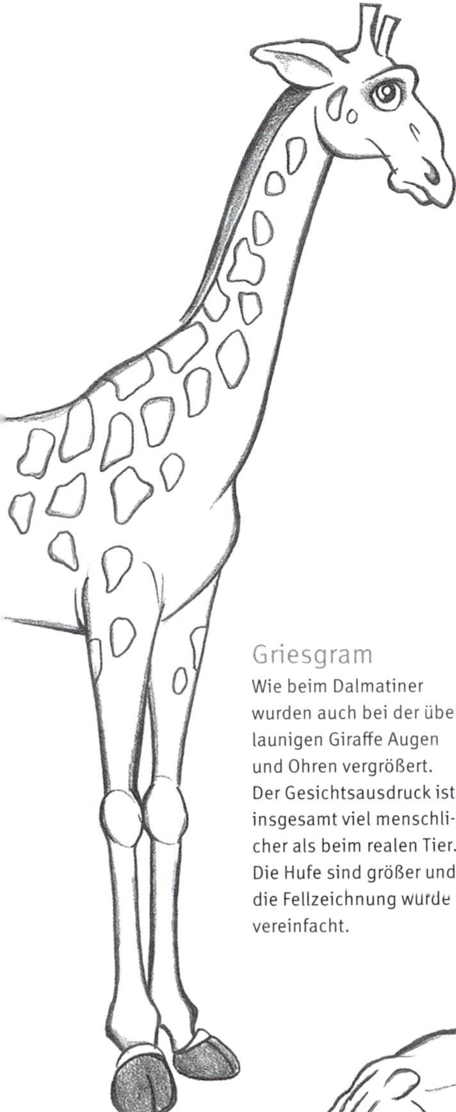

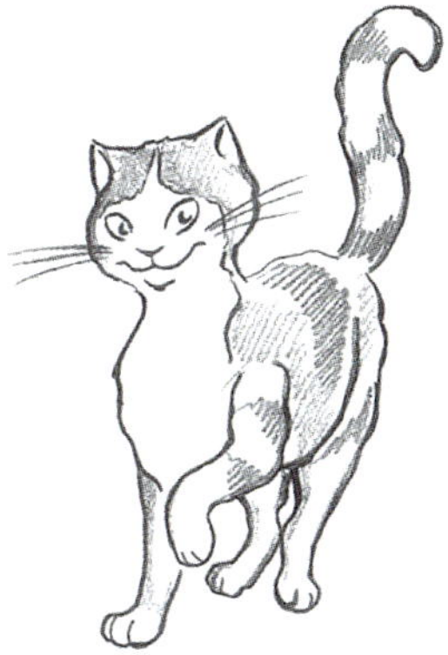

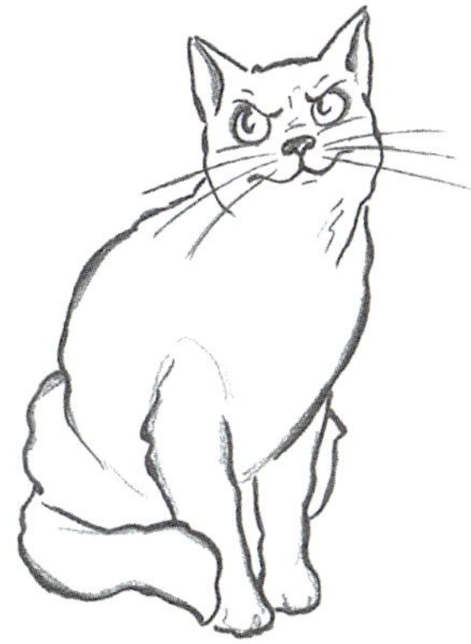

Griesgram

Wie beim Dalmatiner wurden auch bei der übellaunigen Giraffe Augen und Ohren vergrößert. Der Gesichtsausdruck ist insgesamt viel menschlicher als beim realen Tier. Die Hufe sind größer und die Fellzeichnung wurde vereinfacht.

Katzenparade

Die Tigerkatze (oben) wurde nur geringfügig vereinfacht – es ist eben nur eine gewöhnliche Katze. Dass der dicke Kater (rechts) mit Vorsicht zu genießen ist, zeigt sein boshaftes Grinsen. Die eitle Katze (unten) wurde zwar übertrieben schlank gezeichnet, aber Haltung und Mimik sind unverkennbar katzenhaft.

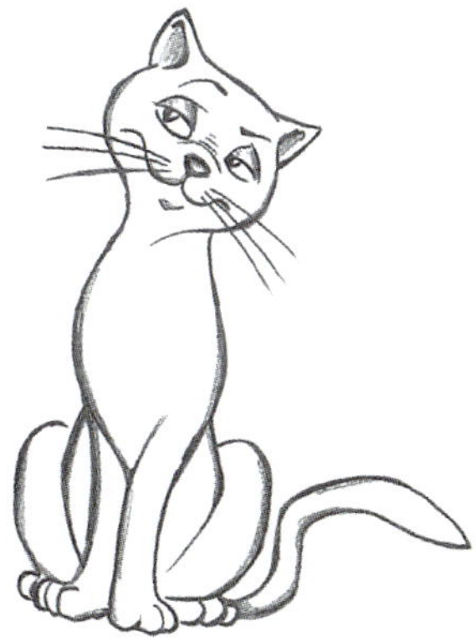

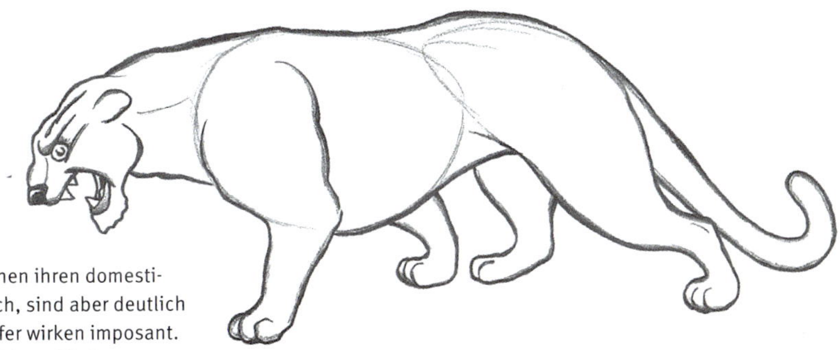

Gefährlich!

Großkatzen wie diese Löwin sehen ihren domestizierten Verwandten recht ähnlich, sind aber deutlich muskulöser. Auch Kopf und Kiefer wirken imposant. Gezeichnet werden sie wie alle Tiere: Die Formen vereinfachen und die Gesichtszüge überdeutlich oder vergrößert herausarbeiten.

Ganz schön menschlich

In Comics müssen Tiere in der richtigen Art und Weise vermenschlicht werden. Geeignete Hilfsmittel sind Kleidung, Autos und Häuser. Doch am wichtigsten sind die Proportionen der Tiere. Sie müssen an die menschlichen Größenverhältnisse angenähert werden, wie bei diesen Tierkindern, die nicht von ungefähr zu den beliebtesten Comic-Tieren überhaupt zählen.

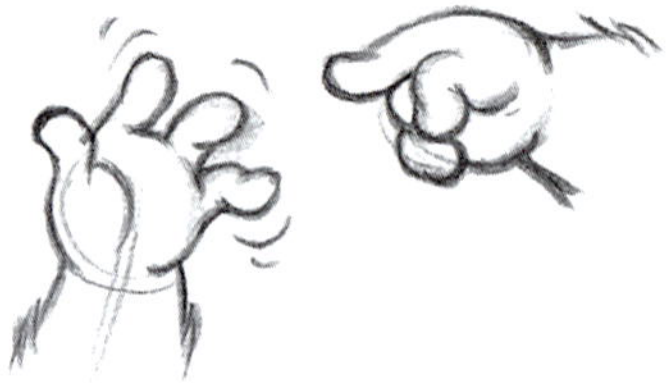

Hände

Damit Tiere menschenähnliche Hände haben, zeichnen Sie einen Kreis und setzen drei oder vier kurze dicke Finger daran.

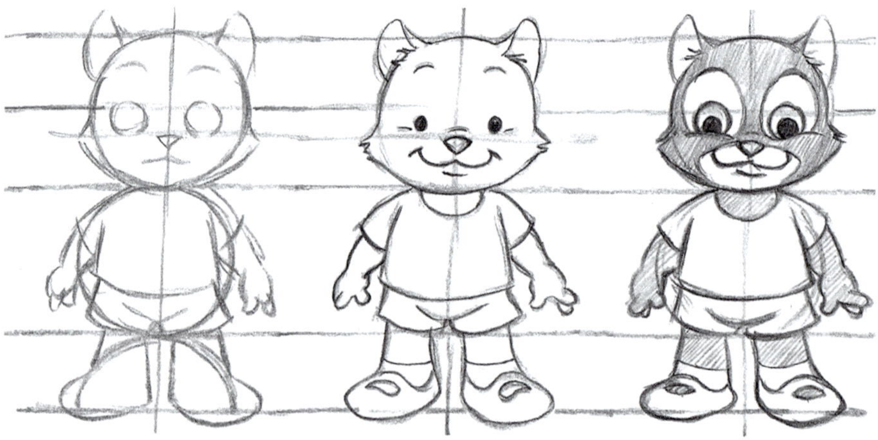

Kindliche Proportionen

Die Proportionen von Kindern unterscheiden sich ganz klar von den Proportionen Erwachsener: je jünger, desto größer ist der Kopf im Verhältnis zum Körper. Bei diesen kindlichen Comic-Figuren ist der Körper samt Beinen nur 2 1/2 Köpfe hoch! Während sich dieses Grundverhältnis sehr bewährt hat, müssen die Gesichter nicht zu vermenschlicht gestaltet sein: Die kleine Katze in der Mitte hat zum Beispiel einfache Knopfaugen und wirkt ebenso nett wie die Katze mit den Babyaugen rechts und der hellen Schnauze.

TIPPS

Vielleicht müssen Sie Ihre Helden wieder und wieder zeichnen – dann zahlt es sich aus, wenn weder die Figuren noch ihre Kleidung aufwendig zu zeichnen sind. Verständliche Accessoires wie Baseballkappen, Haarschleifen, Latzhosen oder Sandalen sind schnell gezeichnet und charakterisieren eine Figur ohne großen Aufwand. Kleinteilige Details wie Reißverschlüsse oder Knopfleisten kosten in Comics Zeit und Nerven.

Kleider machen Tiere

Als Comic-Zeichner ist man auch der Kostümbildner. Kleider machen Leute – denken Sie daran, wenn Sie Ihre Lieblinge entsprechend ausstaffieren.

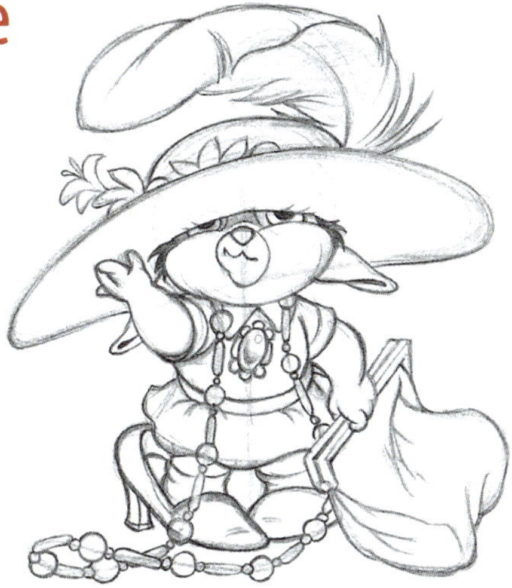

In Mamas Kleidern

Was für ein Bild: Mamas Schuhe sind noch viel zu groß, die Handtasche zu schwer und der Hut rutscht. Trotzdem fühlt sich das Hasenmädchen schon groß und ladylike.

An die Accessoires denken

Die richtigen Kleider und Accessoires sind immens wichtig, um die richtigen Signale zu setzen: Stellen Sie sich einen netten Hund vor. Nun heften Sie ihm einen Stern an die Brust – schon sieht jeder einen Sheriff in ihm. Mit einem Stetson auf dem Kopf wird er zum Cowboy und mit einem Helm zum Astronauten – vor allem, wenn im Hintergrund noch ein paar Sterne leuchten! Achten Sie also bei der Ausstattung darauf, dass sie den Charakter und die Bedeutung Ihrer Heldinnen und Helden perfekt ergänzt und kein überflüssiger Schnickschnack ist.

Wie anfangen?

Dieses Trio zeigt sehr schön, wie man eine Figur erst definiert und dann passend kleidet. Alle drei sind aus einem bohnenförmigen Körper entstanden und erhielten dann einen Kreis als Kopf. Dann folgte die lockere Kleidung und zum Schluss Zähne und andere Details. Nicht vergessen: Die Grundform ist das Wichtigste – wenn sie nicht stimmt, nützt die beste Kleidung nichts.

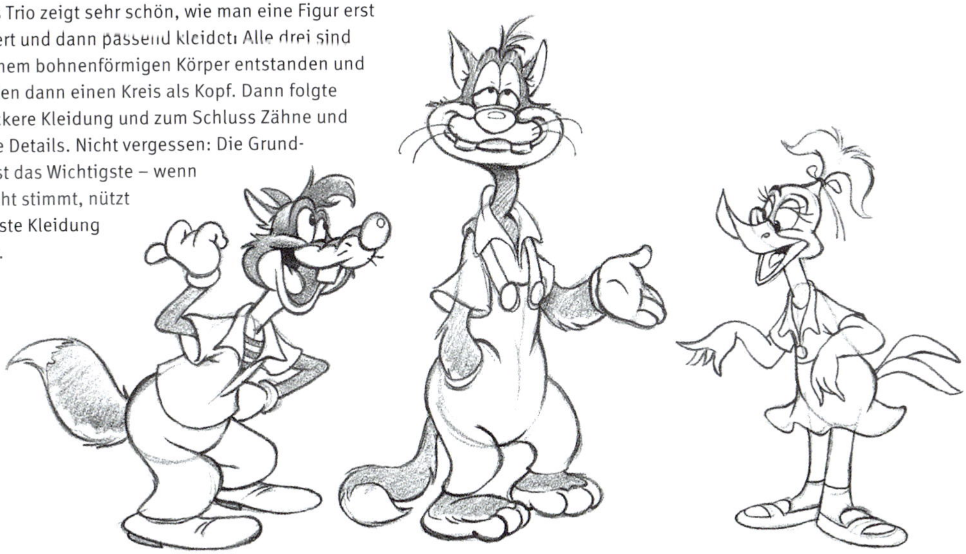

Doppelgänger

Ist Ihnen schon einmal aufgefallen, dass Menschen und Tiere sich stark ähneln können? Schwer zu sagen, wer da wen imitiert! Zeichnerisch beginnen wir jeweils mit Kreisen und Ovalen. Mann und Bär haben zwei Kreise für den Rumpf und einen für den Kopf. Nur die Größen und Positionen unterscheiden sich.

Manche Menschen haben Ähnlichkeit mit ihren Haustieren. Gehören Sie auch dazu? Es macht Spaß, solche Duos zu zeichnen!

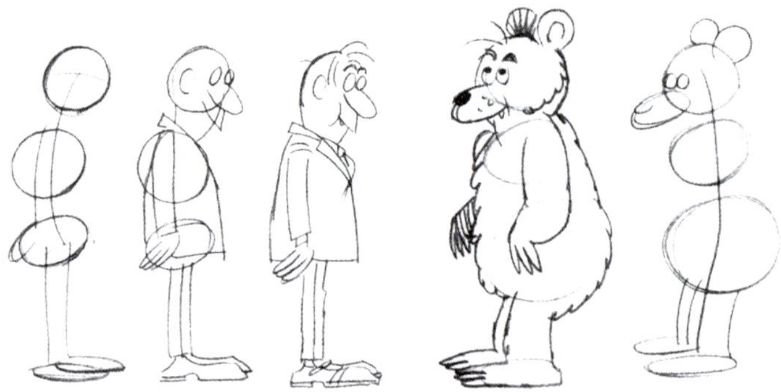

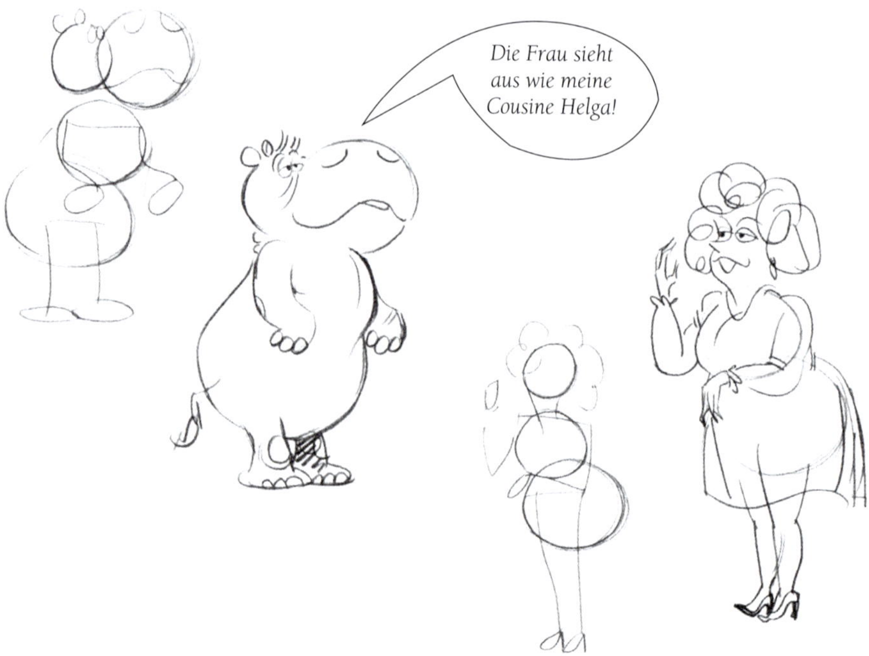

Wenn Sie sich nicht sicher sind, wie Ihr Held aussehen soll, machen Sie mehrere Kopien von Ihrer Zeichnung und experimentieren Sie mit Kleidung und Accessoires. Alternativ können Sie über Ihre Zeichnung auch ein Transparentpapier legen und darauf verschiedene Varianten testen.

TIPPS

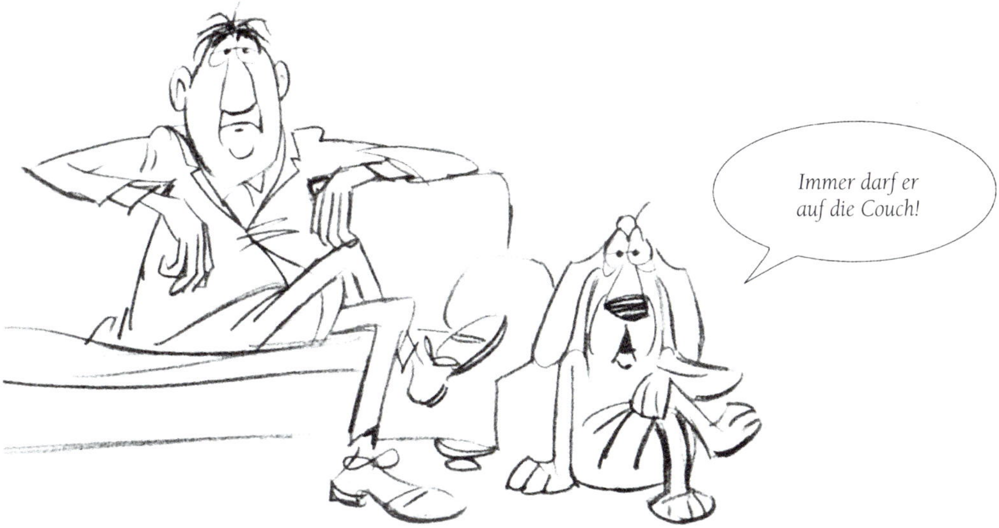

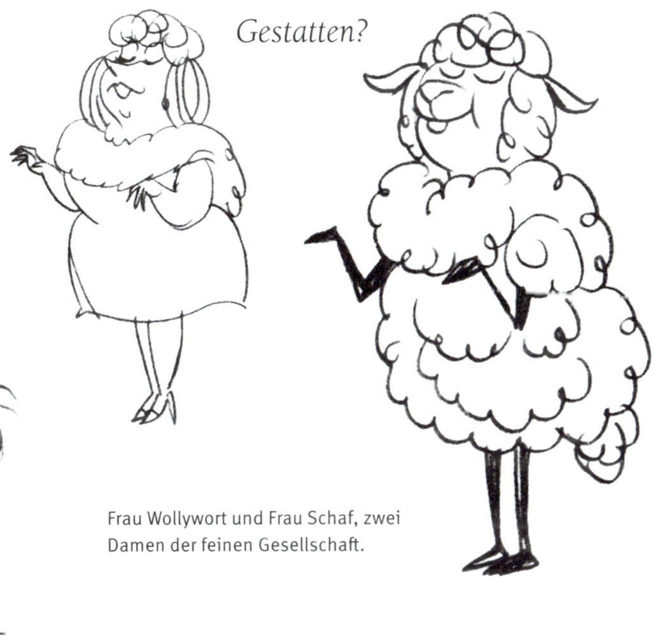

Frau Wollywort und Frau Schaf, zwei Damen der feinen Gesellschaft.

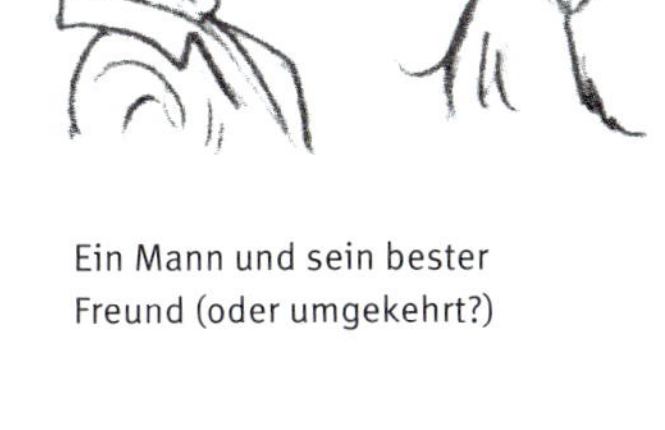

Ein Mann und sein bester Freund (oder umgekehrt?)

Weich und niedlich

In vielen Comics und Kinderbüchern sind sie zuhause: die Hündchen und Kätzchen mit den großen Augen und dem weichen Fell. Diese Charaktere funktionieren fast auf der ganzen Welt als freundliche Gute-Laune-Bringer, denn kleine Kinder und fröhliche Welpen bringen selbst schlechtgelaunte Menschen zum Lächeln.

Damit Cartoon-Tiere niedlich wirken, werden sie oft mit menschlichen Elementen ausgestattet, beispielsweise können sie statt einfacher dunkler Knopfaugen menschenähnliche Augen mit Wimpern und manchmal Augenbrauen haben. Das Maul ist oft zu einem freundlichen Lächeln verzogen.

Kleine Wunder

Zur Konstruktion bieten sich »freundliche« runde Formen an, etwa Kreise oder Ellipsen. Spitze, zackige Formen dagegen wirken böse und gefährlich. Fast jedes Tier kann niedlich wirken, wenn man dieses Gestaltungsprinzip berücksichtigt. Die Tiere auf dieser Doppelseite wirken so tapsig und lebhaft wie echte Tierkinder. Um ein Gefühl für die Bewegungen von Tieren zu entwickeln, empfiehlt es sich, schnelle Skizzen zu zeichnen – vom eigenen Haustier, von Tieren im Zoo oder von Eichhörnchen im Park.

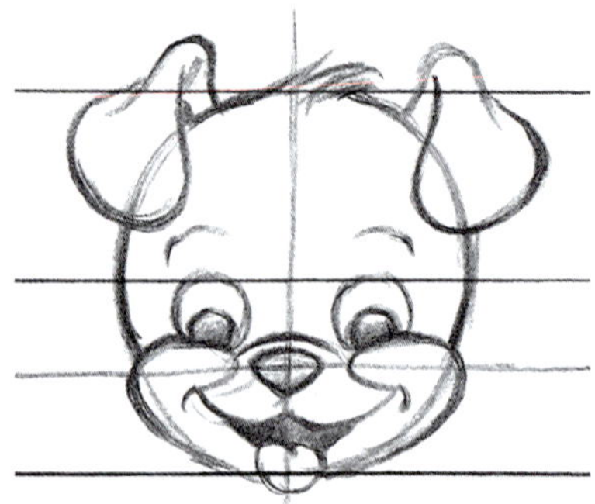

Proportionen

Das Gesicht dieses kleinen Tiers ist ähnlich konstruiert wie ein Kinderkopf. Augen, Nase und Mund liegen in der unteren Gesichtshälfte. Die Augen sind groß und rund und werden im unteren Bereich von den rundlichen Wangen verdeckt.

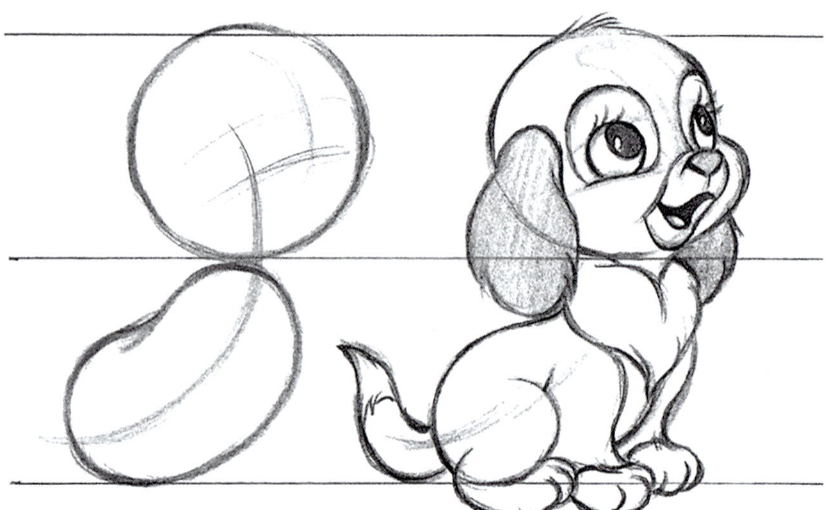

Die ganze Figur

Für den Welpen wird zuerst der Rumpf wie eine Bohne gezeichnet. Der Kreis als Grundform für den Kopf ist fast so hoch wie der Rumpf.

TIPPS

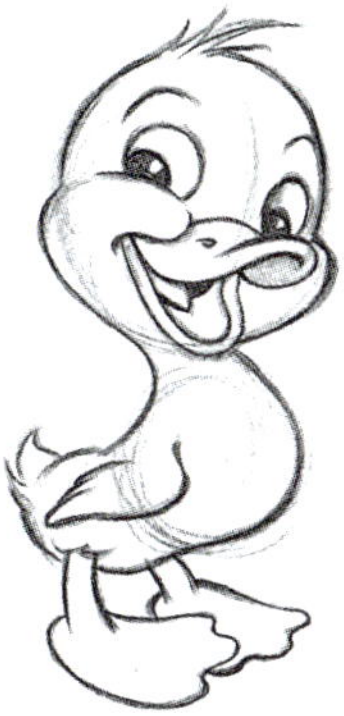

Kesser Blick

Den Charakter der kleinen Ente bestimmen vor allem die Augen.

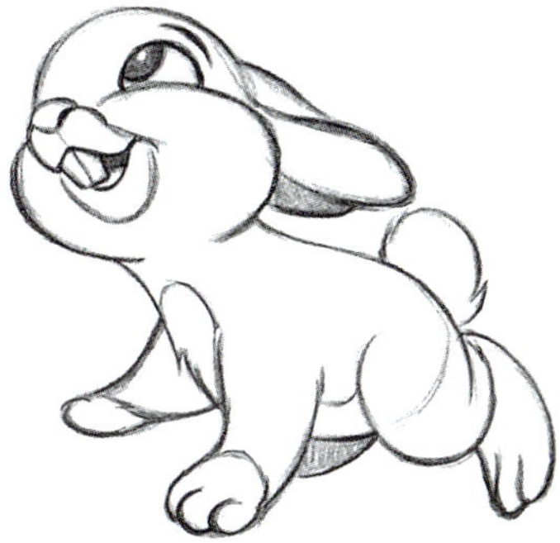

Körpersprache

Das Häschen wirkt besonders klein und verletzlich, weil es nach oben schaut. Die Haltung des Kopfs und der Hinterbeine betonen diese Ausstrahlung.

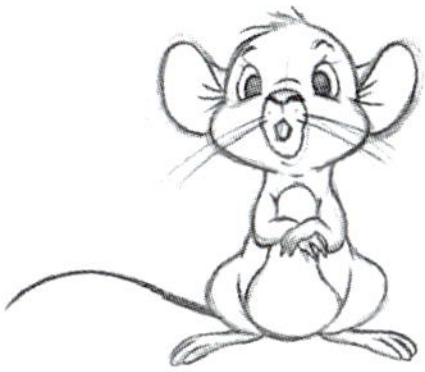

Klitzeklein

Mäuse sind besonders beliebte Cartoon-Tiere – vielleicht wegen der glänzenden Augen und der handähnlichen Pfoten.

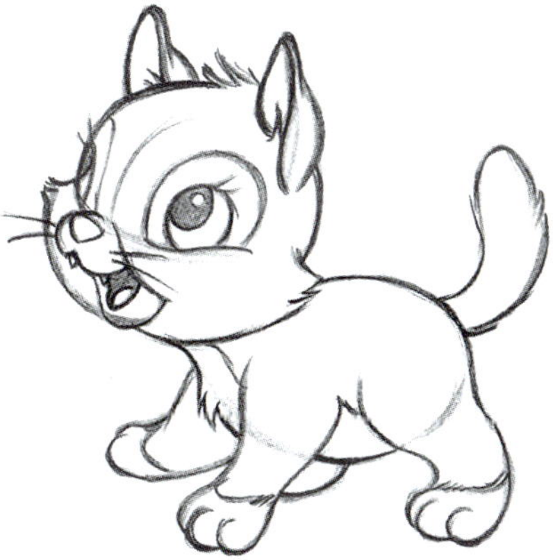

Verspielt

Auch bei der kleinen Katze ist das Kindchenschema gut zu erkennen. Die großen Augen wirken unschuldig.

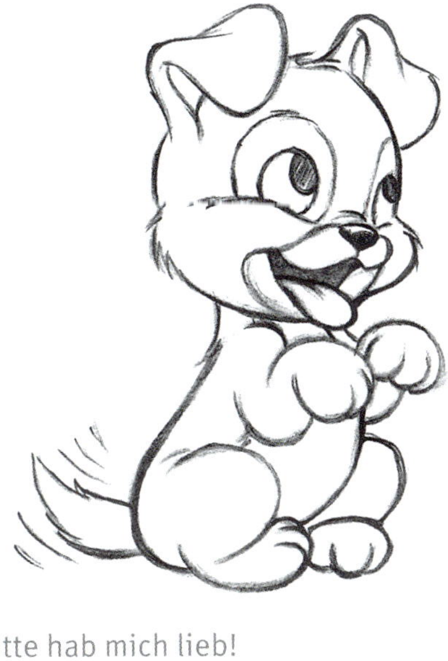

Bitte hab mich lieb!

Der wedelnde Schwanz und die heraushängende Zunge lassen den Welpen so niedlich aussehen.

Schräg und schrill

Auch schräge Typen sollten einer Logik unterliegen. Es hat nur Sinn, Menschen und verkleidete Tiere zu kombinieren, wenn es dafür einen guten Grund gibt. Wer diese Regel bricht, sollte es ganz bewusst tun.

Die Funktion verrückter Figuren besteht darin, lustig auszusehen und lustige Dinge zu tun. Alles wird übertrieben. Erschrickt die Figur, fährt sie buchstäblich aus der Haut. Und an einem heißen Tag zerfließt sie wie Butter in der Sonne.

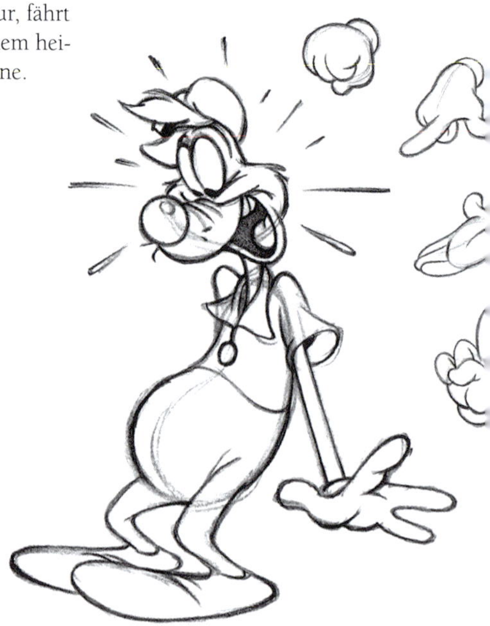

Hand und Fuß

Arme und Beine dieser Figur scheinen aus Gummi zu bestehen. Sie sind extrem dehnbar und biegsam. Durch die übergroßen Hände und Füße wirkt er clownesk und ungeschickt. Hände mit vier Fingern sind einfacher zu zeichnen, können aber alle nötigen Bewegungen ausführen.

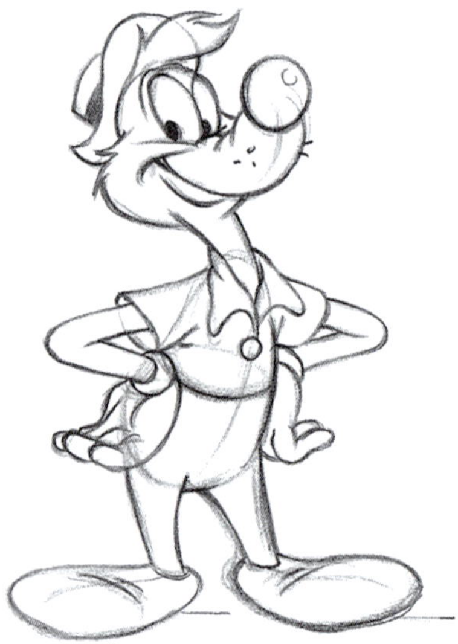

Hallo!

So könnte eine typische stehende Witzfigur aussehen: ein vermenschlichtes Tier mit einem birnenförmigen Körper und hundeartigen Kippohren. Mit spitzen Ohren und einer buschigen Rute hätte er Züge eines cleveren Fuchses.

TIPPS

Gesichtsausdrücke

Bei diesem Großmaul ist der obere Schädel sehr klein. Dafür ist das untere Gesicht vergrößert, um Platz für das große Maul und die Knollennase zu schaffen. Die Augen stehen dicht zusammen, die Pupillen sind klein und die Augenbrauen staunend in die Höhe gezogen. Durch überzogene, gummiartige Gesichtszüge lassen sich Emotionen sehr gut darstellen.

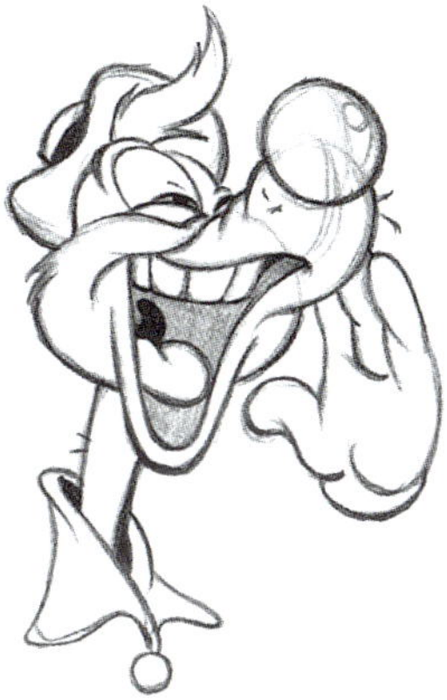

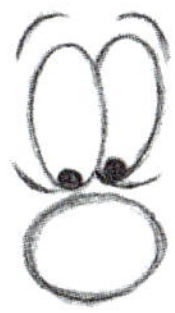

Überrascht

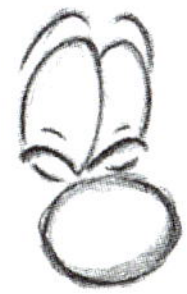

Amüsiert

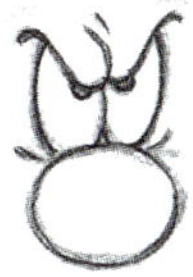

Zornig

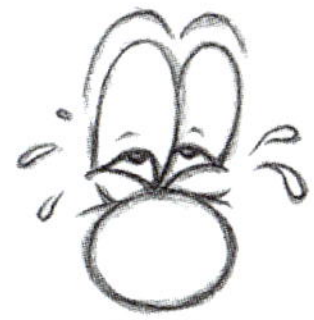

Traurig

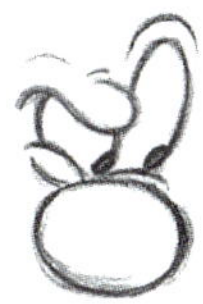

Grollend

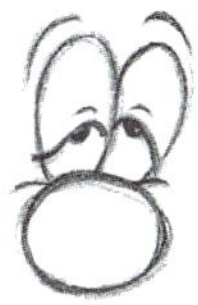

Schläfrig

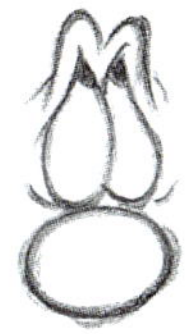

Dümmlich

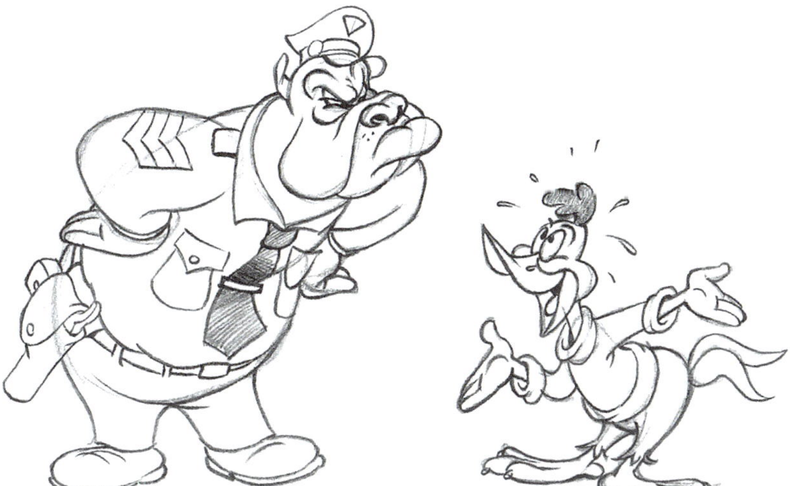

Dicke Lippe

Einem brutalen Kerl steht ein hässliches Bulldogengesicht prima. In einer Uniform wirkt er erst richtig lächerlich. Hier sagen auch die Größenverhältnisse zwischen den Figuren etwas über die Machtverhältnisse aus.

Eine Figur ausarbeiten

Wenn Sie Ihre Figur gerade neu erfunden haben, ist die beste Zeit, sie einmal in vielen Lebenslagen auszuprobieren. Lassen Sie sie laufen, gehen, rennen, weinen, lachen, sprechen ... Freuen Sie sich beim Zeichnen an dem, was Ihr geistiges Kind so alles kann.

TIPPS

Wenn Sie eine Figur entworfen haben, die Sie mögen und die Sie in Zukunft öfter zeichnen wollen, dann sollten Sie sie auf einem Memo-Blatt für immer festhalten. Überlegen Sie, wie Ihre Figur in den wichtigsten Posen und aus den wichtigsten Blickwinkeln aussieht. Zeigen Sie ihre wichtigsten Gefühle. So haben Sie eine Vorlage für die meisten Situationen. Sie müssen sich nicht alles immer wieder neu ausdenken und haben eine gewisse Garantie, dass die Figur sich selbst treu bleibt – selbst wenn sie von einem ganzen Team gezeichnet wird.

Memo-Blatt für Theodor Bär

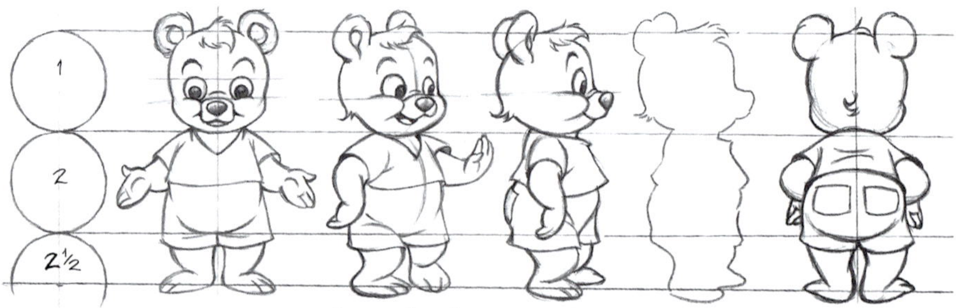

von vorne *Dreiviertelansicht* *Profil* *von hinten*

Die Füße haben die Form von Mandeln.

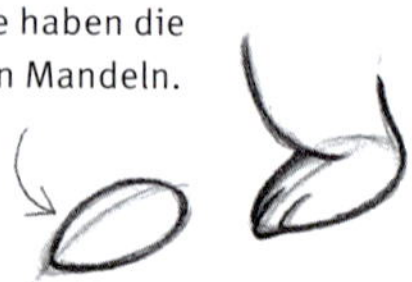

Theodor hat drei Finger und einen Daumen. Die Hände sind klein und kegel- oder herzförmig.

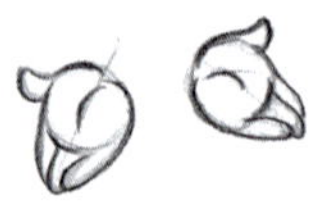

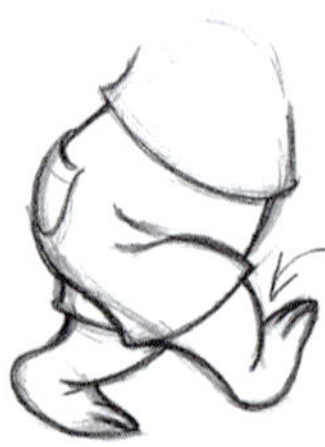

Theodor mag Schuhe nicht – er läuft am liebsten bär-fuß!

Eine Babytolle und ein paar kleine Haarbüschel im Nacken – mehr Frisur braucht Theodor nicht.

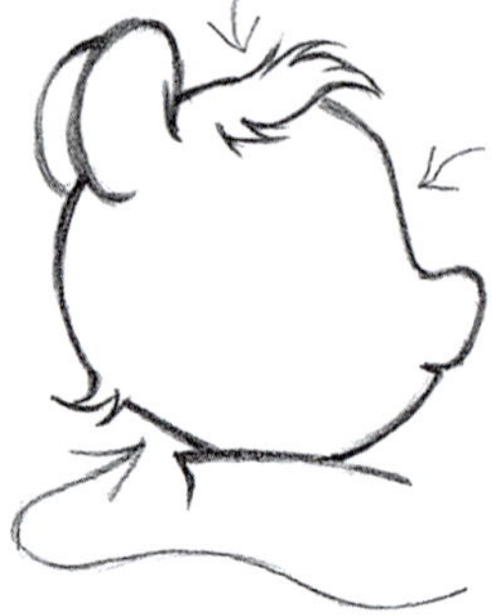

Wie jung der kleine Bär noch ist, zeigt schon das Profil mit der sehr hohen, flachen Stirn.

Auch der Nacken ist flach und nicht gerundet – ein wichtiges Detail.

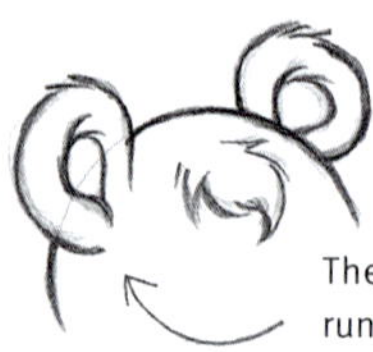

Theodors Ohren sind rund, kindlich weich und pelzig. Die Ohrmuschel innen ist tränenförmig.

Theodors Mimik und Gestik

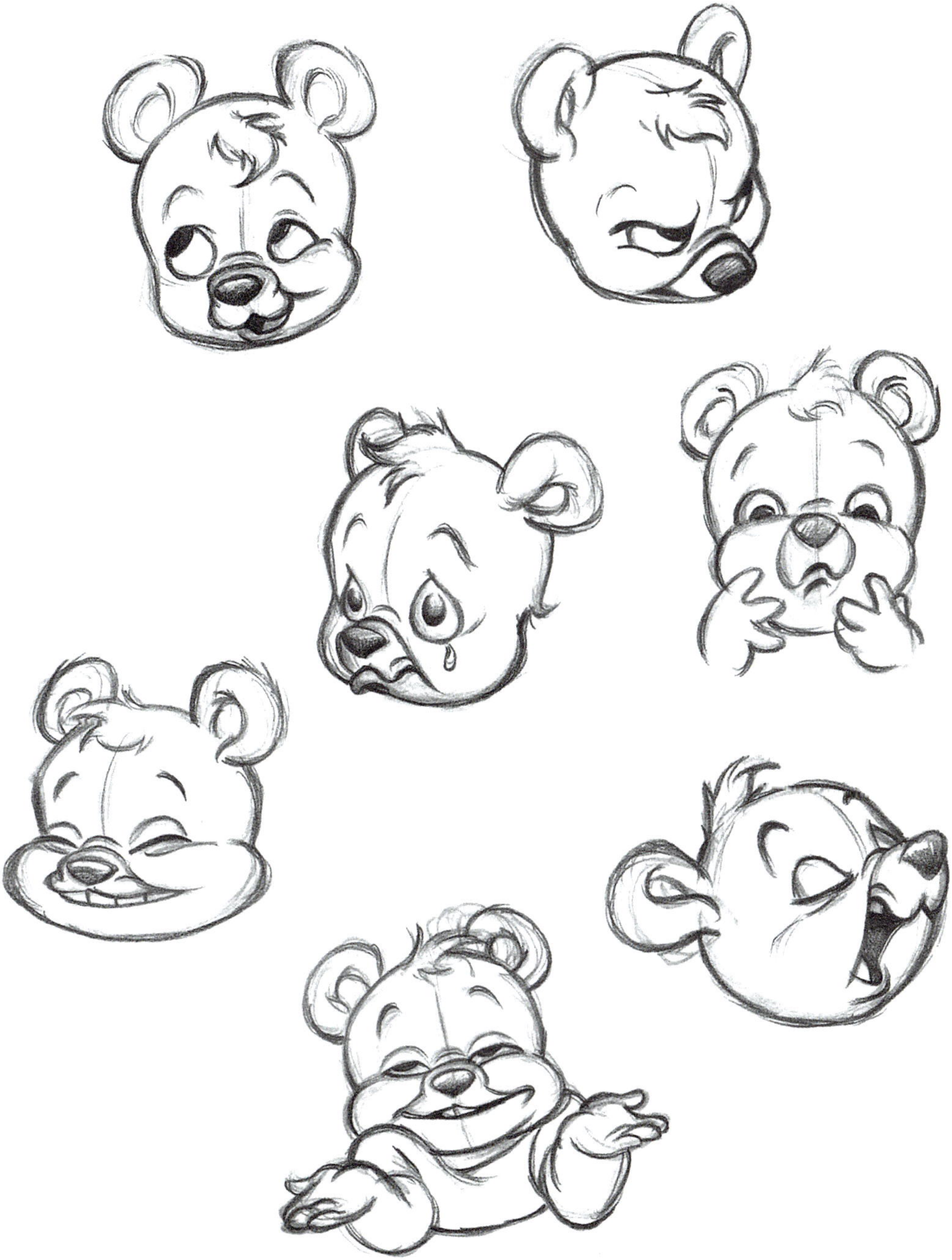

Zeichnen Sie Ihren Vierbeiner aus Grundformen und achten Sie auf die Proportionen. Comicfiguren leben oft vom raschen, unfertigen Strich, mit dem sie gezeichnet werden. Trotzdem sollten Sie alle wichtigen Details vorab genau betrachten: Körperbau, Fellstruktur, Haltung. Es kann sehr witzig wirken, wenn das Fell in grafische Muster aufgelöst wird wie beim Beispiel des Zebras.

TIPPS

Bello & Co

Hunde werden aus einem großen Kreis für die Brust und einem kleineren Kreis für das Hinterteil konstruiert. Die Größen der Kreise bestimmen die Proportionen des ganzen Hunds. Um zu entscheiden, welche Teile übertrieben werden sollen, ist es wichtig, zuerst einmal die Proportionen eines echten Hunds genau zu kennen.

Zwei Kreise für den Körper und einen weiteren für den Kopf zeichnen.

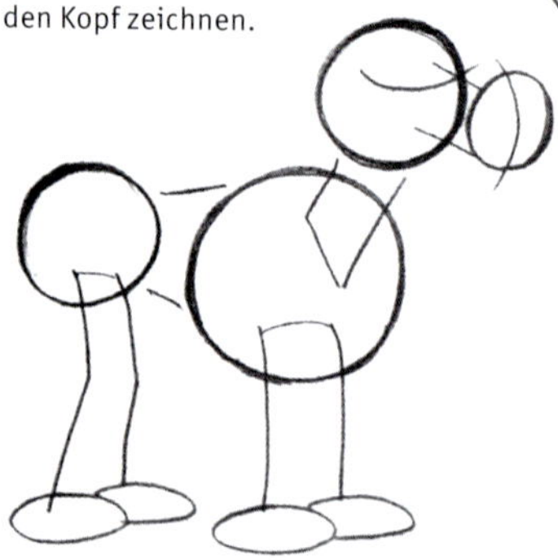

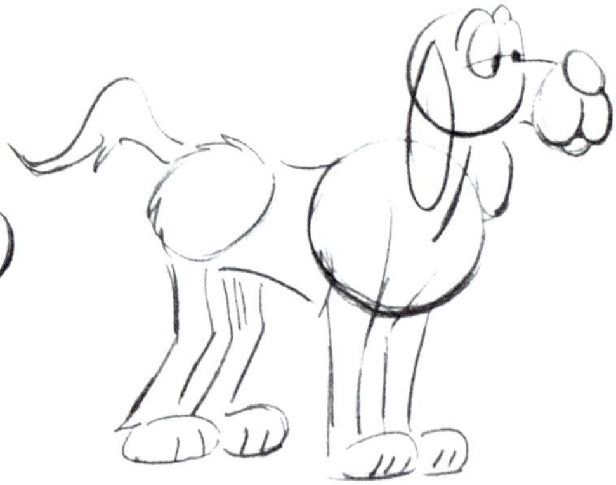

Erst wenn die Körperproportionen stimmen, kann der Hund verfremdet werden. Soll er dümmlich und schläfrig aussehen oder wie ein Mensch auf den Hinterbeinen laufen? Vielleicht hat er auch etwas zu sagen?

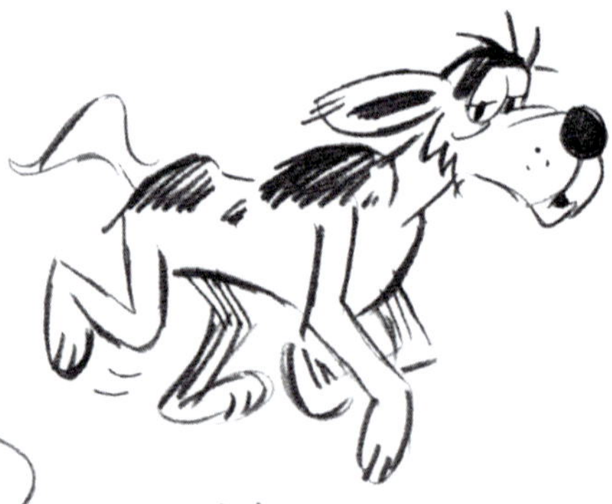

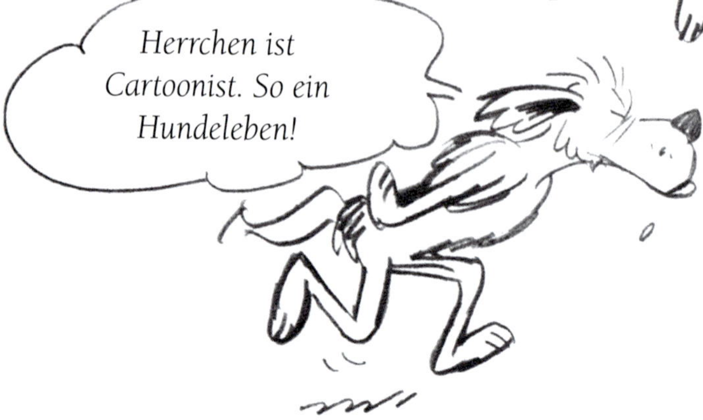

Verrückte Zebras

Konstruiert wird das Zebra aus einem ovalen Rumpf, einem runden Kopf, einer ovalen Nase und länglichen Ohren. Ganz einfach!

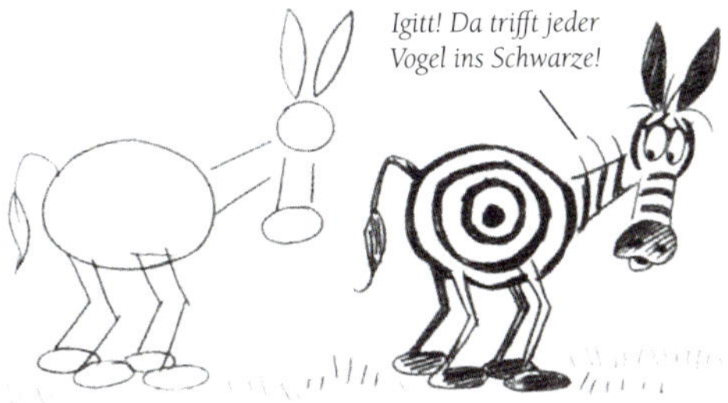

Strich-Beine und ovale Hufe anfügen. Hinten den Schwanz anhängen. Die Augen bestimmen den Blick: schläfrig, verwirrt oder schlichtweg verrückt.

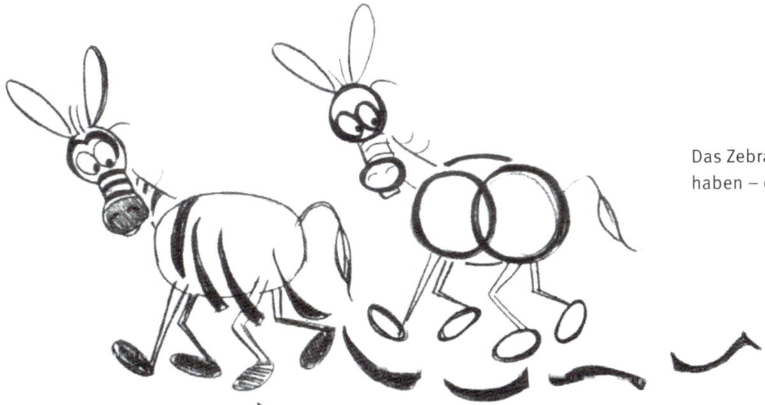

Das Zebra kann Streifen haben – oder auch nicht.

Darf es ein anderes Muster sein? Erlaubt ist, was gefällt.

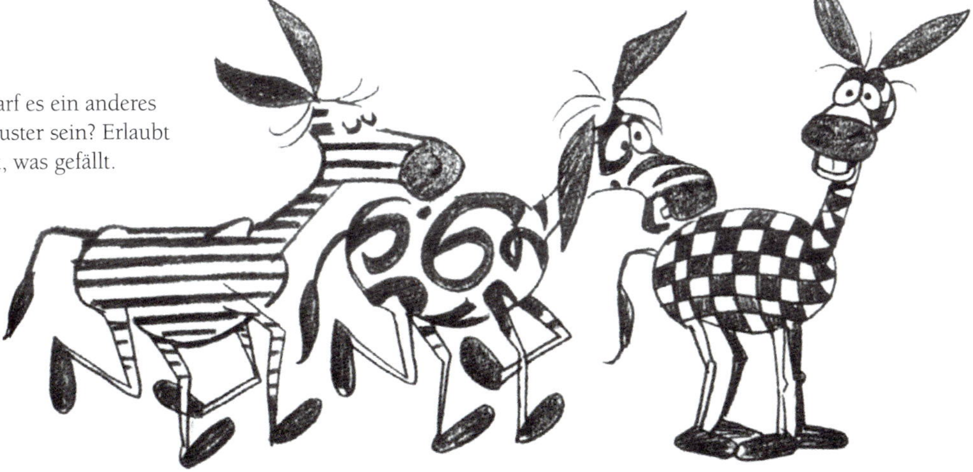

Behäbige Bären

Radieren Sie zwischendurch immer wieder überflüssige Hilfslinien weg. Nur die neuesten sollten sichtbar bleiben. So sieht Ihre Zeichnung immer sauber und ordentlich aus.

TIPPS

Auch Bären werden aus einfachen Kreisen und Ovalen aufgebaut. Ein Kreis in einem Oval bildet den Rumpf, Arme und Beine sind schlanke Ovale. Soll der Bär aufrecht auf den Hinterbeinen gehen (und zum Beispiel Menschen begegnen)? Oder soll er auf allen Vieren tappen?

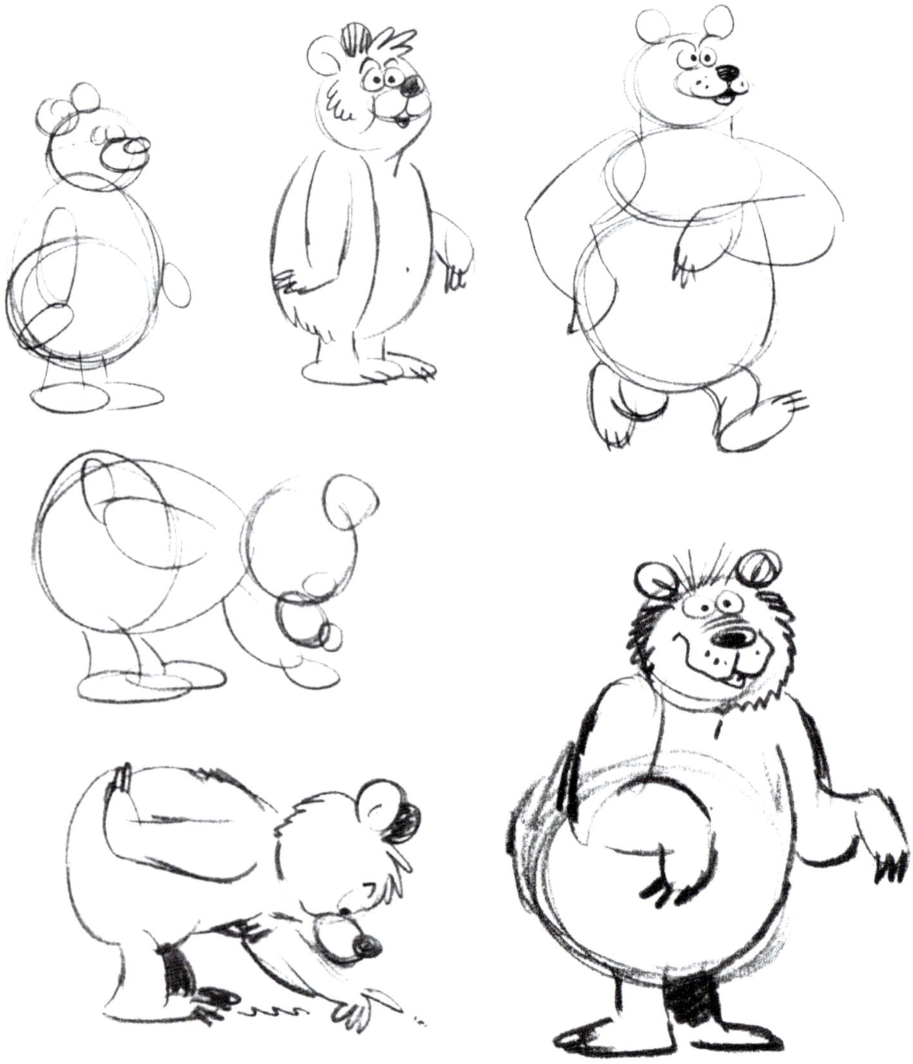

Eisbären sind stattliche Tiere mit abfallenden Schultern. Sie haben einen mächtigen Rumpf und große, flache Füße. Weil sie einen längeren Hals haben als andere Bären und auch schlanker sind, bieten sie sich für Wintersport-Szenen an.

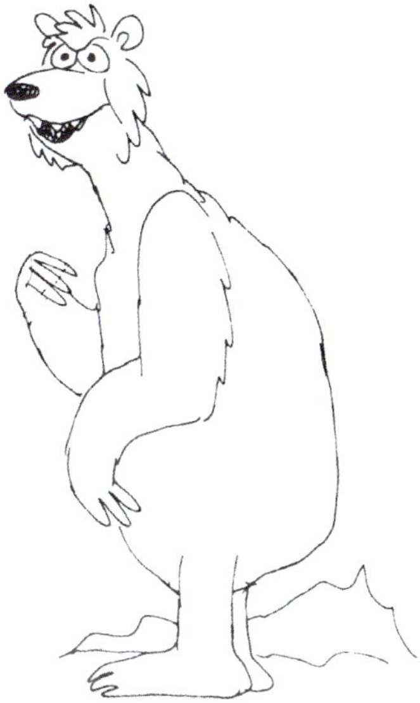

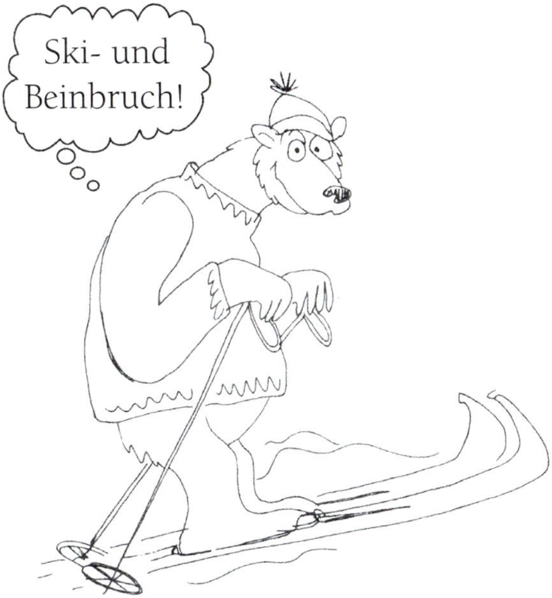

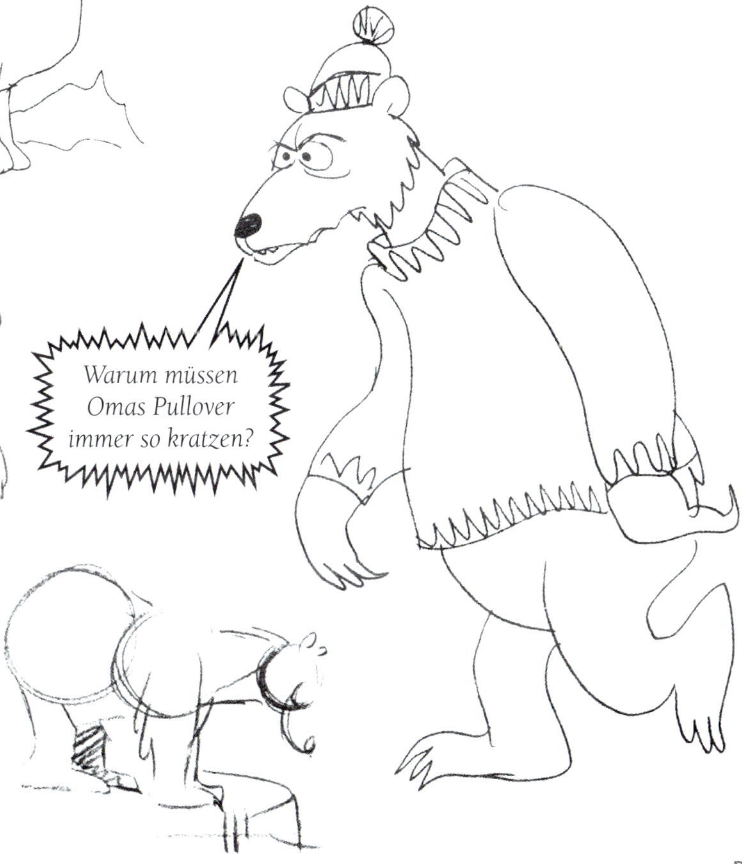

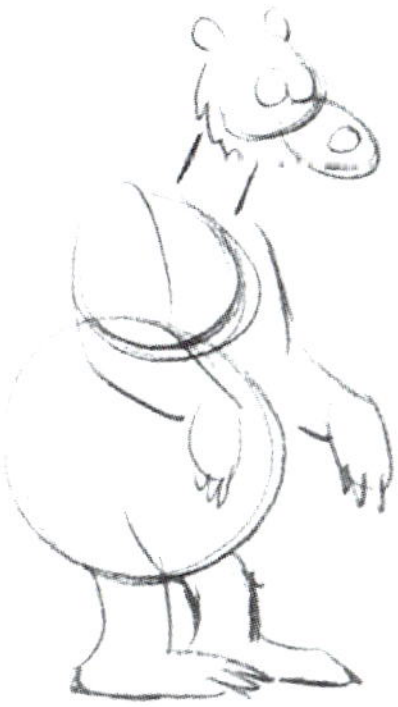

Geniale Giraffen

Eine Giraffe hat einen sehr langen Hals. Er dient ihr dazu, Blätter in den Baumwipfeln zu erreichen, bietet sich aber auch für zeichnerische Verfremdungen an. Zuerst Kreise für Kopf und Körper skizzieren. Lange Striche bilden den Hals und die Beine (mit kleinen Ovalen für die Knie). Ohren und Schwanz sind wie Blätter geformt.

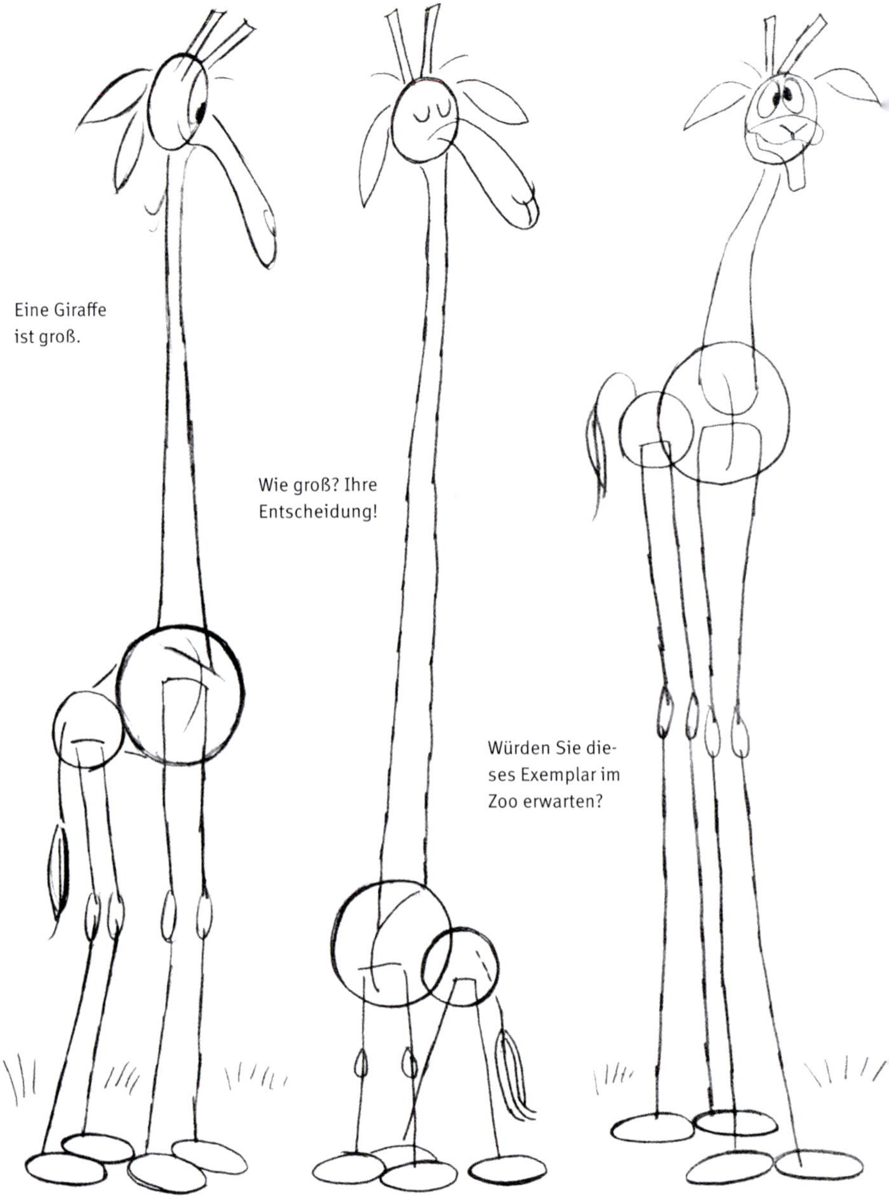

Manchmal kann es hilfreich sein, ein Motiv, das man gerne zeichnen möchte, möglichst hell auszudrucken und dann als Vorlage zu nutzen. So können Sie sich an den charakteristischen Merkmalen und Posen orientieren und haben genug Spielraum, um Ihre kreative Variante darüberzuzeichnen.

TIPPS

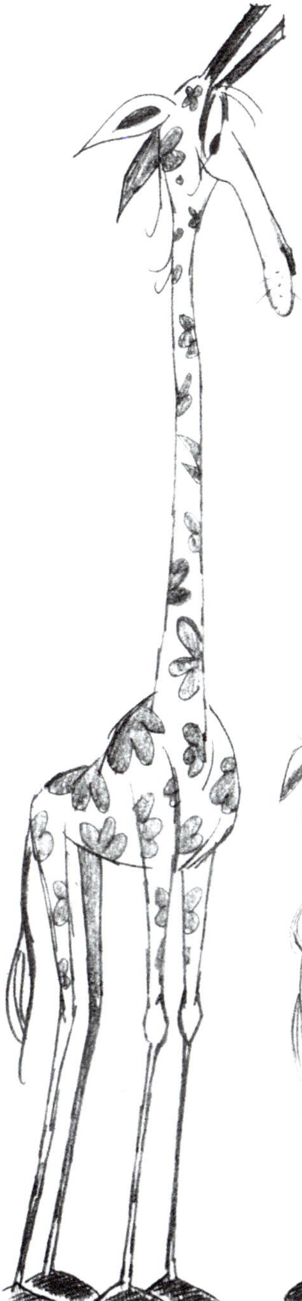

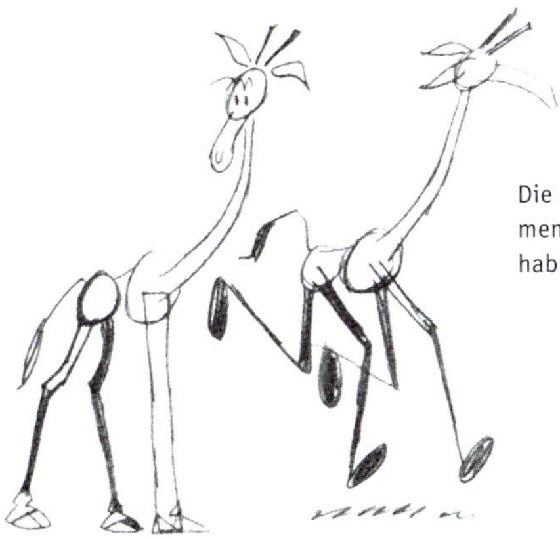

Die Beine könnten menschliche Knie haben.

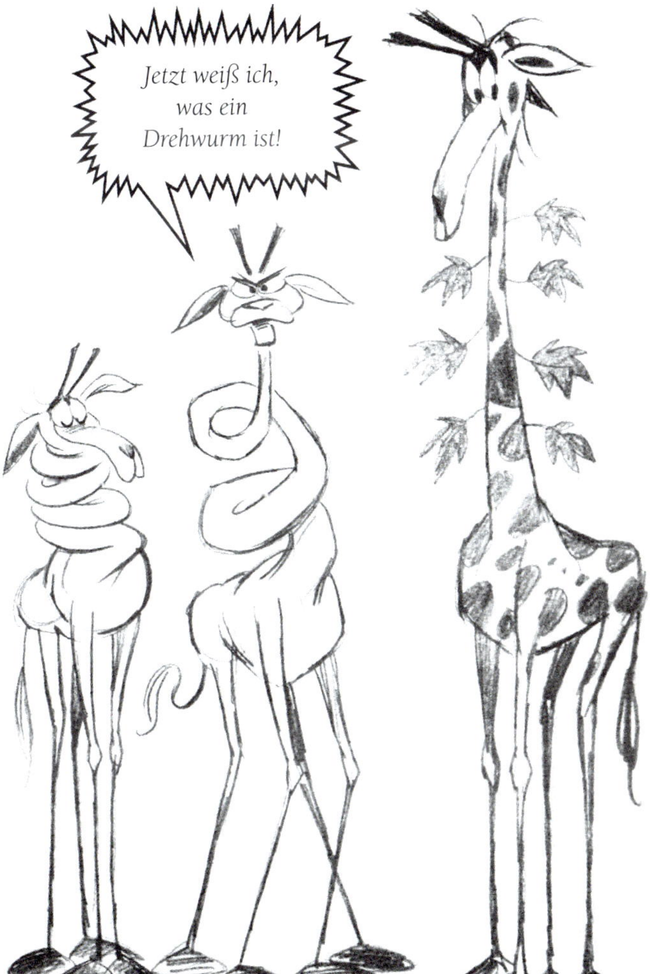

Vorsicht, Wild!

Schauen Sie sich die Arbeiten anderer Zeichner an, aber kopieren Sie nicht. Es führen viele Wege zu einem überzeugenden Cartoon. Sie dürfen als Zeichner Ihren eigenen Weg gehen, ohne sich an Vorgegebenes halten zu müssen.

TIPPS

Cartoon-Zeichner sollten die typischen Merkmale einzelner Tierarten kennen und übertreiben. Damwild hat große Augen, schlanke Beine und zierliche Hufe. Mit riesigen Augen, dürren Beinen und winzigen Hufen wirkt der Hirsch erst richtig scheu.

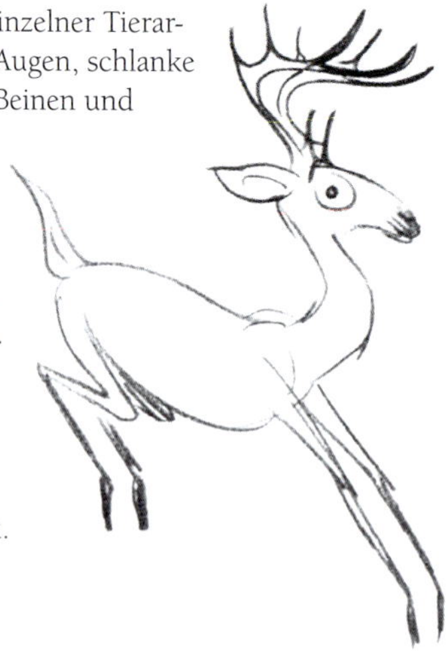

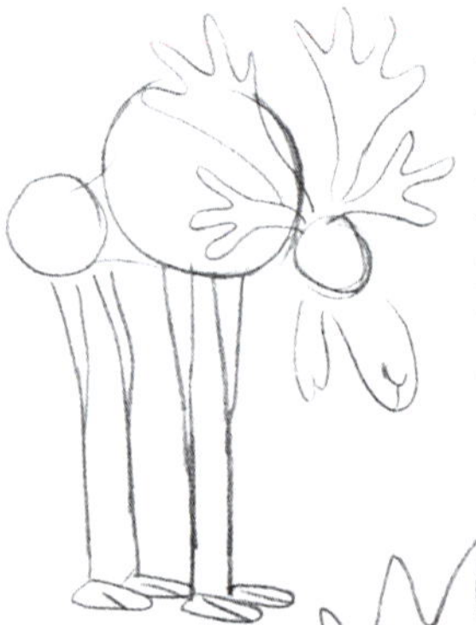

Ein Elch ist ein mächtiges Tier mit breiten Schultern. Seine Größe und sein Gewicht lassen sich verdeutlichen, indem man die Beine sehr dünn und das Geweih übergroß zeichnet.

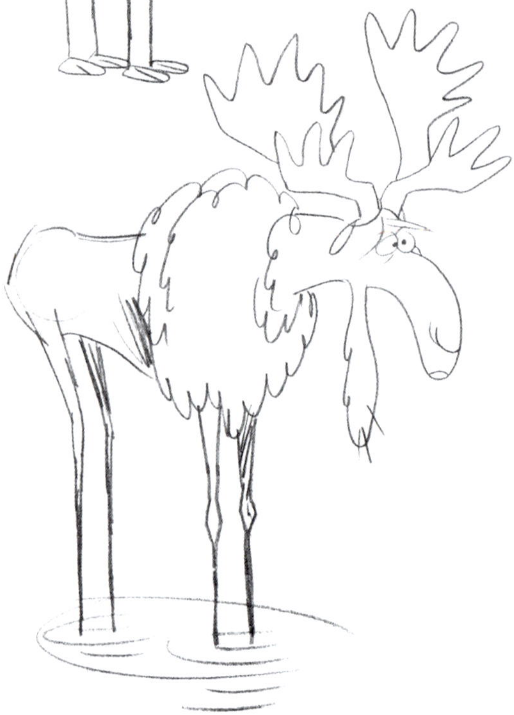

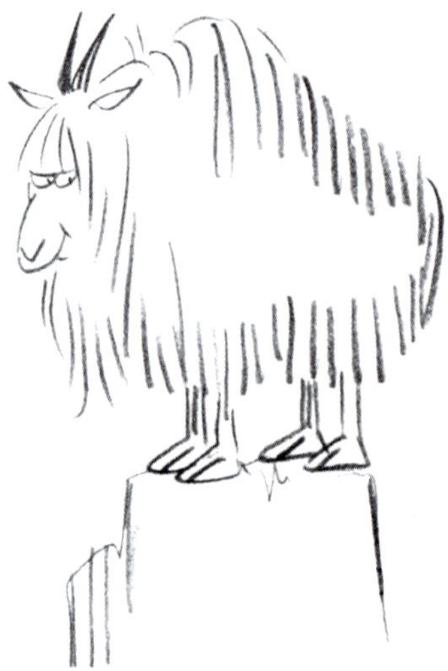

Massige Schultern und Füße, die fest auf dem Felsen stehen, drücken die Körpermasse des Bergziegenbocks aus. Natürlich sollten Sie auch Ihren eigenen Stil in die Umsetzung einfließen lassen.

Das Erkennungszeichen des Mufflons sind selbstverständlich seine Hörner. Übertreibt man sie, wirkt das Tier kopflastig.

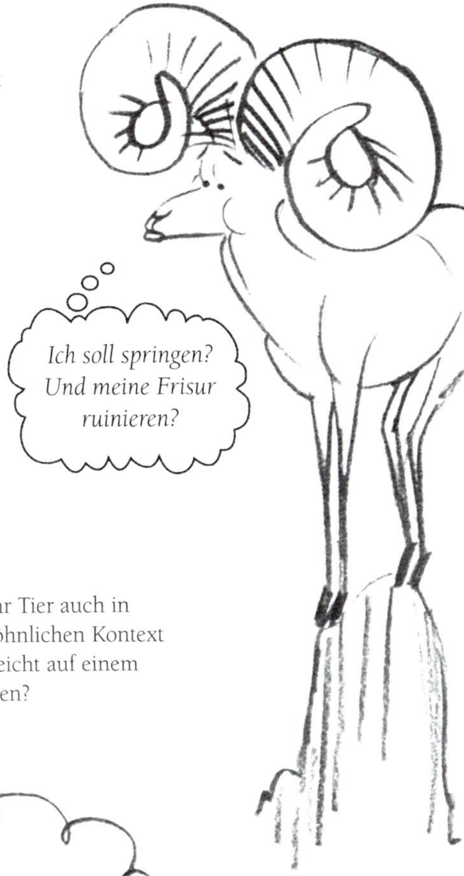

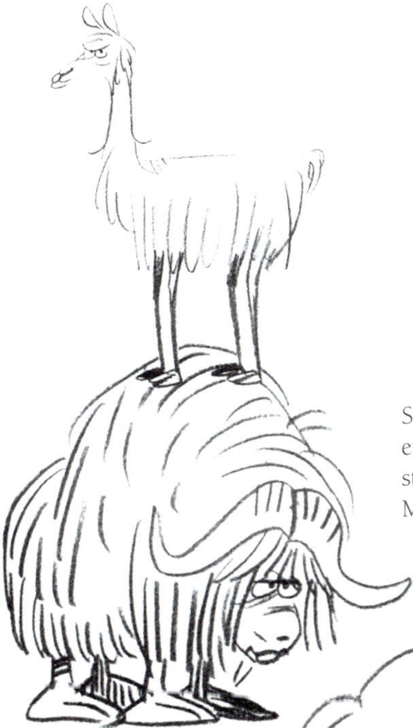

Sie können Ihr Tier auch in einen ungewöhnlichen Kontext stellen – vielleicht auf einem Moschusochsen?

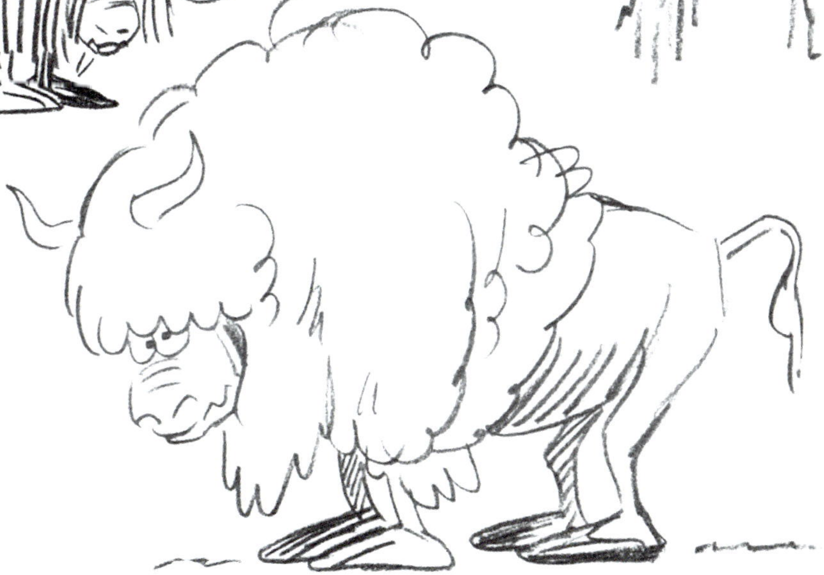

Kleine Tiere

Das Arbeiten mit einem Pinselstift (Brush Pen) eröffnet Ihnen interessante Möglichkeiten der Strichgestaltung. Durch abwechselndes Arbeiten mit der Spitze oder Seite des Pinselstifts entstehen unterschiedlich dicke und dünnen Linien.

TIPPS

Im Wald leben viele kleine Tiere, die sich wunderbar für Cartoons eignen. Ihre Körperformen ähneln sich. Oft lassen sich aus einer Grund-konstruktion verschiedene Tierarten entwickeln. Das gilt beispielsweise für das Stachelschwein unten und den fleißigen Biber auf der Seite gegenüber.

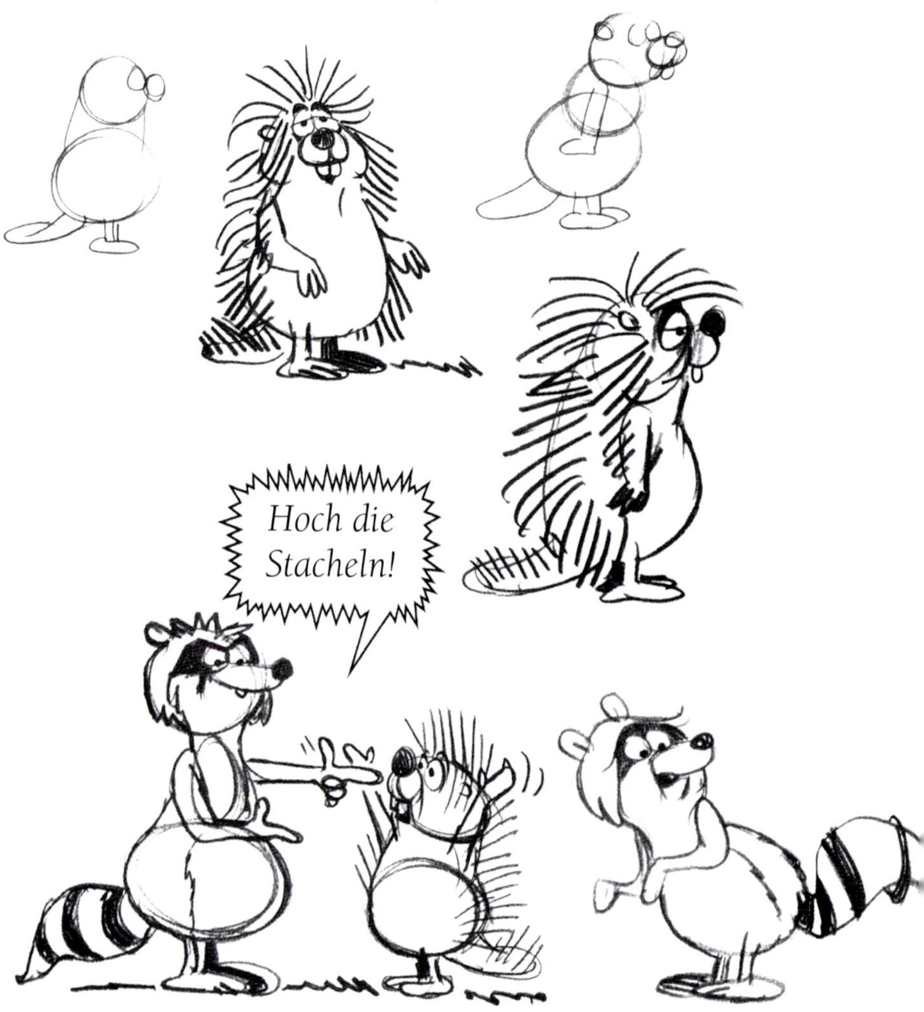

Man braucht nur die Größe und Position der Grundformen zu verändern, und schon entsteht ein frisch parfümiertes Stinktier …

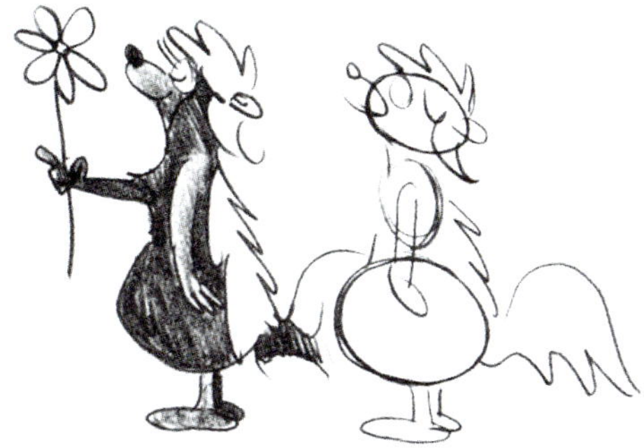

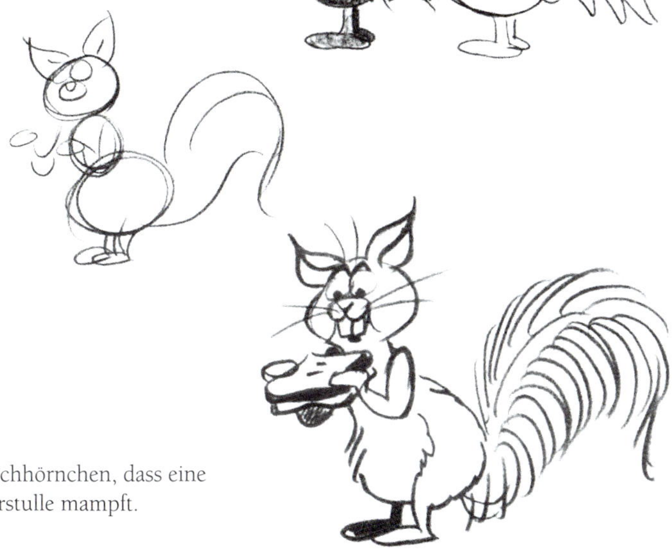

… oder ein Eichhörnchen, dass eine Erdnussbutterstulle mampft.

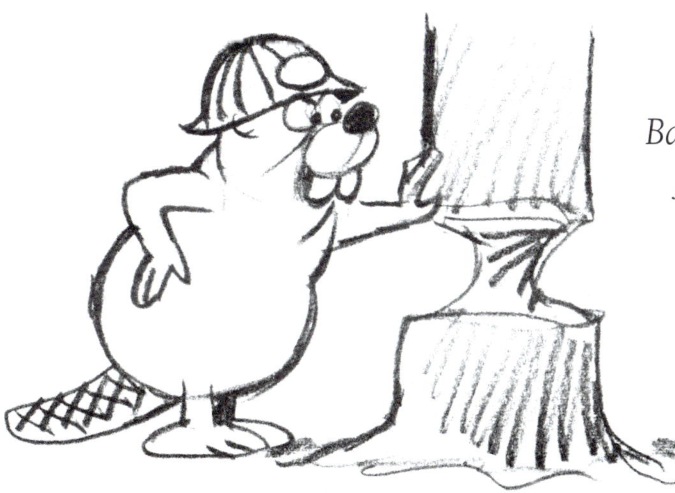

Baum … fällt!

Sprechende Toaster & Pflanzen

Ein rumpelnder alter Laster? Ein kunterbunter Jeep? Ein angeberischer Sportwagen? Autos, die man täglich sieht, können Ideen für verschiedene »Charaktere« liefern.

In Cartoons können Requisiten wie ein abgetakelter, stotternder Oldtimer, ein penetranter Wecker oder ein pfeifender Teekessel wie bereits beschrieben problemlos die Rolle von »Personen« übernehmen, aktiv an der Handlung beteiligt sein und manchmal sogar zu Helden werden. Solche Objekte können ein Gesicht oder eine Stimme besitzen oder sich bewegen.

Haushaltsartikel

Telefone, Senfgläser, Radios, Spülmaschinen und andere Gegenstände aus dem Haushalt können so dargestellt werden, als seien sie lebendig. Wie bei menschlichen Figuren gilt: übertreiben und vereinfachen. Zu viele Details langweilen den Leser und lassen die Zeichnung übermäßig kompliziert wirken. Gegenstände können sogar ohne Gliedmaßen oder Hände Persönlichkeit besitzen. Am besten nutzt man, was schon vorhanden ist. Tischbeine können tanzen, und ein Elektrokabel kann so beweglich sein wie ein Affenschwanz.

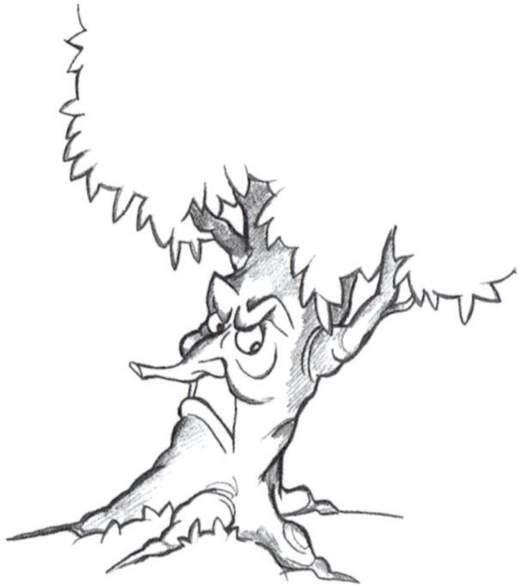

Jedem Baum sein Charakter

Dieser Baum ist nicht so grimmig wie er aussieht. Mit etwas Fantasie kann man in der Rinde von Baumstämmen Augen, Münder oder Wangen erkennen, während Äste wie Nasen, Arme oder Finger aussehen können. Auch die Baumart spielt eine Rolle. Welche Persönlichkeit könnte wohl eine Trauerweide oder eine Zitterpappel haben?

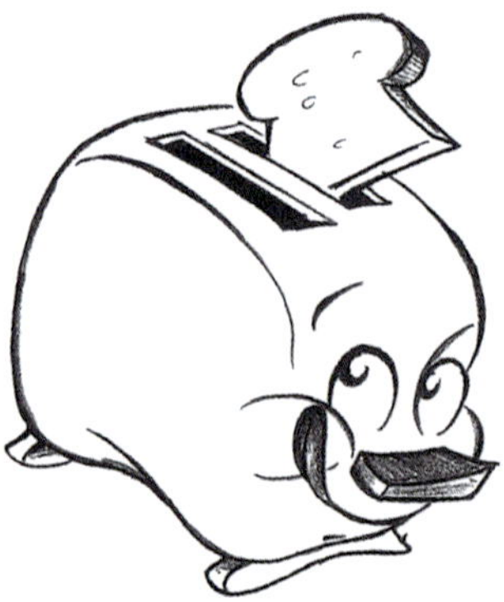

Geräte mit Charme

Mit etwas Bleistiftzauberei kann jedes leblose Gerät lebendig werden. Manchmal genügt ein Gesicht, um einem Toaster Persönlichkeit zu geben.

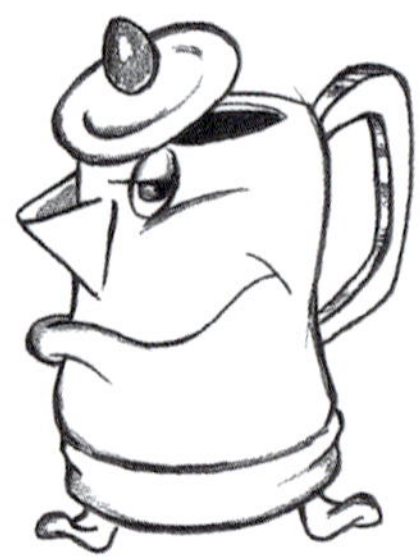

Charakterfragen

Diese alte Kanne hat schon jede Menge kalten Kaffee gesehen. Nun trägt sie den Deckel lässig-schräg wie eine Baskenmütze. Manche Gegenstände legen Charaktermerkmale nahe, mit denen man wunderbar spielen kann. Hat die Zuckerdose vielleicht eine Schwäche für Süßes? Oder bringt der Pfefferstreuer seinen Kollegen, den Salzstreuer, zum Niesen?

Fahrzeuge mit Charakter

Wenn sich im Cartoon Tiere wie Menschen verhalten können, warum soll nicht dasselbe für Fahrzeuge gelten? Autos, Schiffe, Flugzeuge und Eisenbahnen sind farbenfroh, haben interessante Formen und wirken lebendig, weil sie sich fortbewegen können. Außerdem lassen sich Scheinwerfer, Stoßstangen, Kuhfänger oder Propeller zu Gesichtern umfunktionieren. Meistens gelingt das relativ leicht durch Übertreibung.

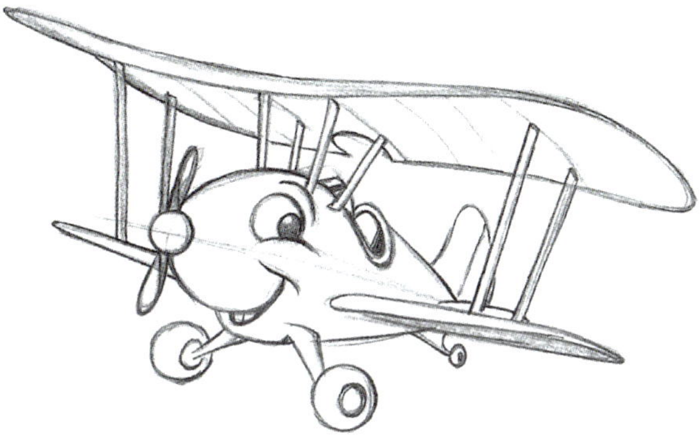

Flugzeuge

Alte Sportwagen, kleine Flugzeuge und Hafenschlepper haben oft eine kompakte, rundliche Form. Darum bieten sie sich für niedliche Cartoon-Zeichnungen an. Am besten übertreibt man diese weichen, geschwungenen Linien etwas. Die Frontfenster dieses kleinen Flugzeugs lassen sich leicht in Augen verwandeln, der Propeller bietet sich als Nase an, Tragflächen und Fahrwerk werden zu Armen und Beinen.

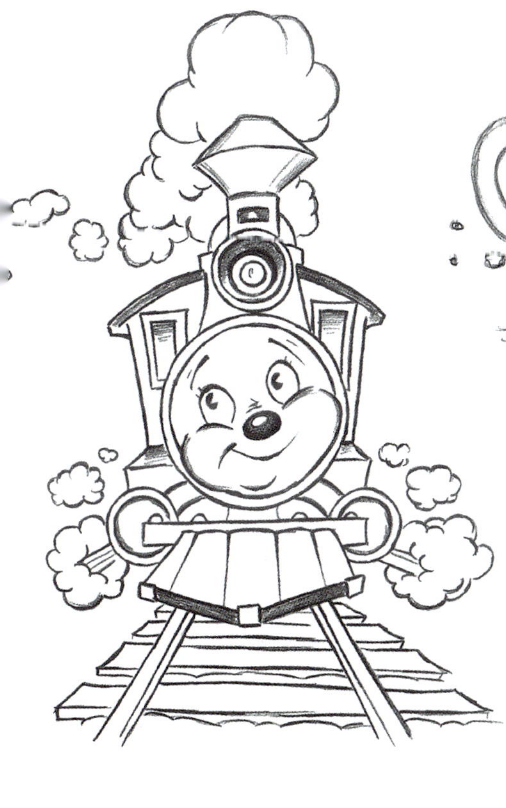

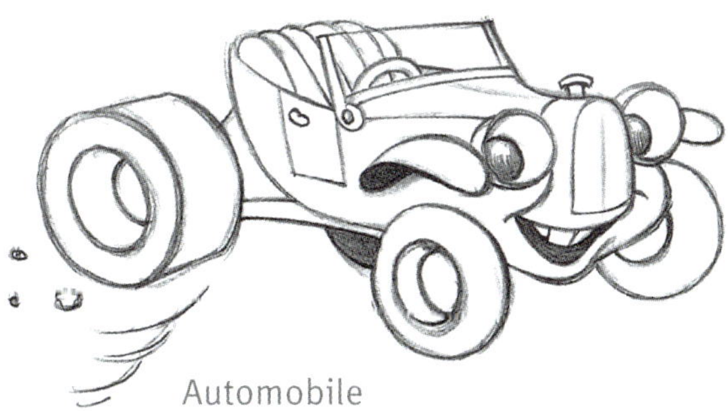

Automobile

Ein Auto besteht aus tausenden von Teilen, aber selbstverständlich müssen nicht alle gezeichnet werden. Wichtig sind nur diejenigen, die den Charakter des jeweiligen Modells betonen. Auf andere Details sollte weitgehend verzichtet werden. Die Kunst liegt in der Vereinfachung.

Eisenbahn

Weil die Rauchwolken mit zunehmender Entfernung kleiner werden, sieht es aus, als führe die Lok direkt auf den Betrachter zu.

15 MIN

Sammeln Sie Bilder, die Sie als Inspirationsquelle nutzen können. So ein Fundus ist unglaublich hilfreich, denn Sie können sich genau anschauen, wie beispielsweise eine Glühbirne, eine Hochzeitstorte oder ein Maulwurf tatsächlich aussehen, bevor Sie zum Stift greifen.

TIPPS

Erleuchtung

Eine Glühbirne über dem Kopf ist im Cartoon ein gängiges Stilmittel, um darzustellen, dass eine Figur eine besonders gute Idee hat. Ihr ist buchstäblich ein Licht aufgegangen. Da in dieser Welt auch Gegenstände handelnde Figuren sein können, dreht der Zeichner die Sache um. Was könnte passieren, wenn eine Glühbirne eine geniale Idee hat? Dieser Einfall wurde hier mit schnellen Strichen skizziert, um herauszufinden, ob er auf dem Papier genauso lustig wirkt wie in der Fantasie.

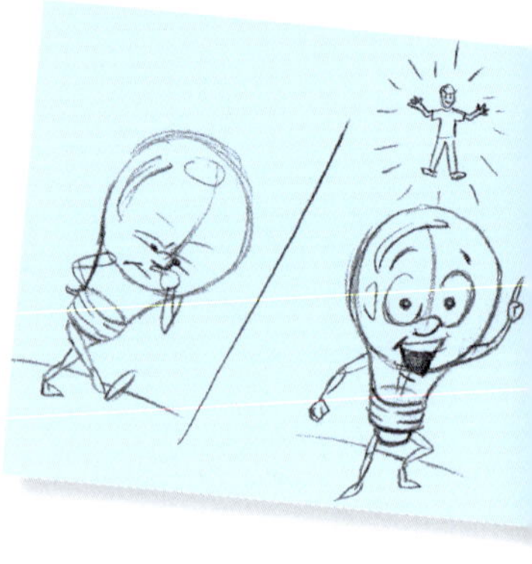

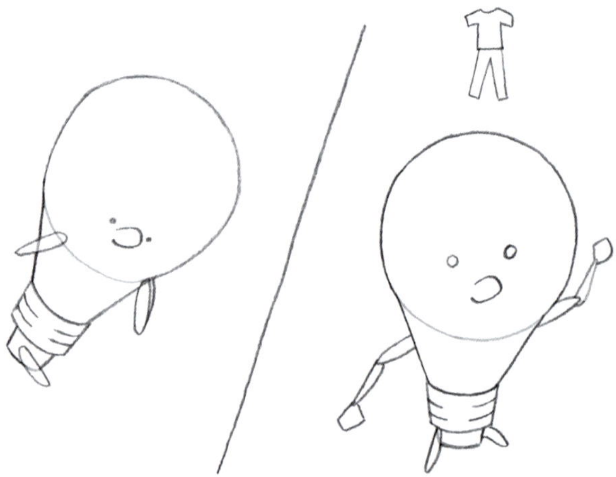

1

Aus der Grobskizze wird die Zeichnung entwickelt. Da sie aus zwei Motiven besteht, wird zuerst die Papierfläche mit einem schrägen Strich geteilt. Die linke Glühbirne soll eine grüblerische Haltung haben, die rechte Figur ist aufrecht. Die Augen der rechten Figur sind etwas größer – sie sind angesichts der guten Idee erfreut aufgerissen. Unter den Augen der rechten Glühbirne eine kleine Nase andeuten. Bei der linken Glühbirne sitzt die Nase fast zwischen den Augen.

2

Die Umrisse der Glühbirnen und der Schraubgewinde sauber ausarbeiten. Überflüssige Hilfslinien ausradieren. Arme und Beine verfeinern. Die linke Figur bekommt einen kleinen, geschwungenen Mund. Die rechte hat eine längere, geschwungene Oberlippe und eine abgerundete, V-förmige Unterlippe. Die rechte Figur hat runde, weit offene Augen. Daumen und Wangen mit kleinen Strichen andeuten.

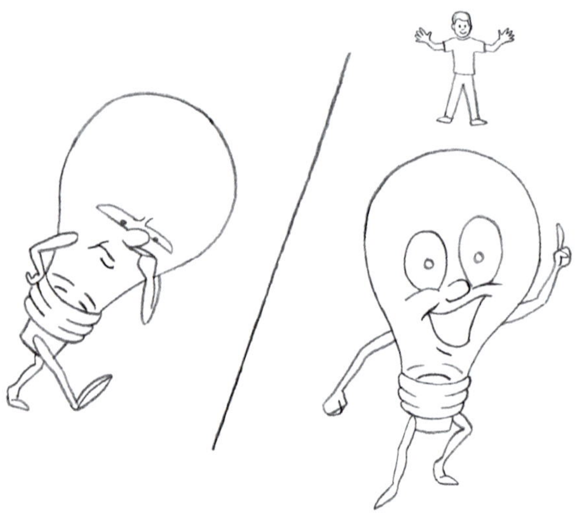

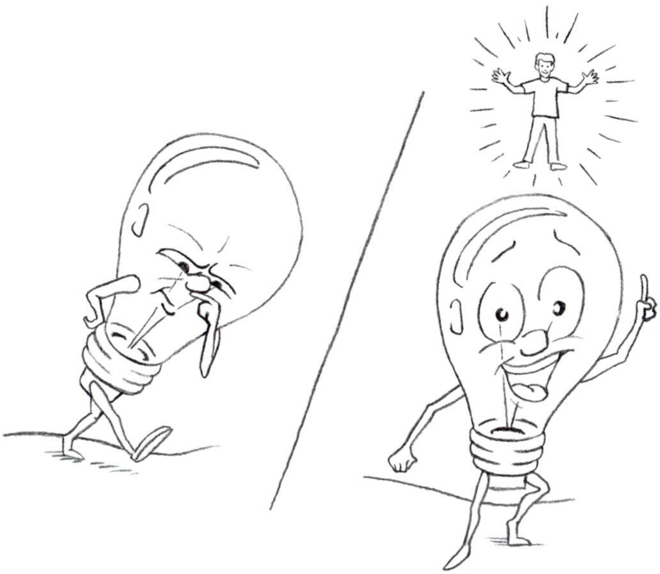

3

Eine geschwungene Linie hinter den Füßen »erdet« die beiden Glühbirnen. Die Gesichter mit Augenbrauen, Zunge und Zähnen detailliert ausarbeiten, damit sie lebendiger wirken. Das Glas durch weitere Reflexe verdeutlichen. Zuletzt die Hilfslinien des »Ideenmännchens« ausradieren und den Strahlenkranz hinzufügen. Jetzt hat er dieselbe Aussage wie die Geistesblitz-Glühbirne über einem Menschenkopf.

4

Mit einem Pinselstift alle Konturen sauber nachzeichnen. Dünne Striche für die Schatten unter den Füßen, die Gesichtszüge, die Reflexe auf dem Glas und den Strahlenkranz verwenden. Die eigentlichen Konturen der Glühbirnen etwas dicker nachziehen. Der Kontakt unter dem Gewinde wird ganz geschwärzt. Jetzt sieht die Anatomie der Glühbirne überzeugend aus.

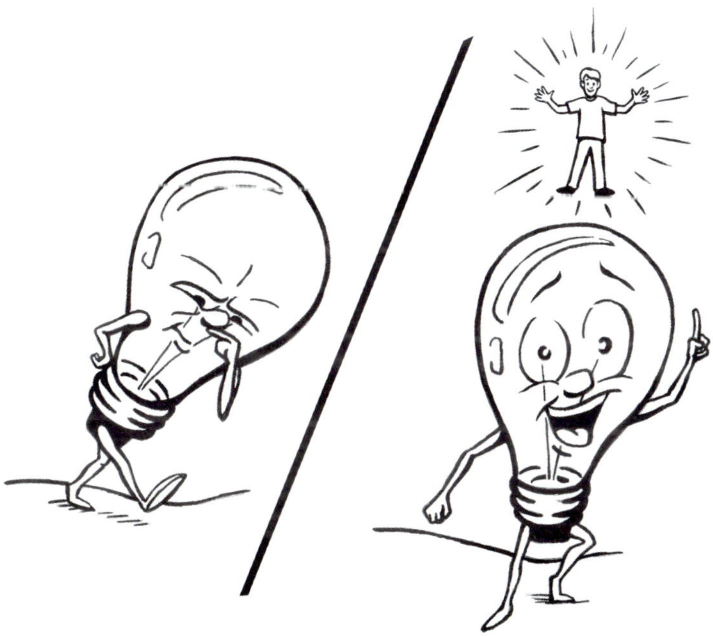

Impressum

FOTOS INNENTEIL: WALTER FOSTER PUBLISHING, INC.

PRODUKTMANAGEMENT UND KONZEPTION: Hannelore Irmer-Romeo

REDAKTION UND TEXTE DER TIPPS: Betz Lektorat + Redaktion, Tübingen

ÜBERSETZUNG: Verene Zemme, Wiebke Krabbe, Julia Paiva Nunes

HERSTELLUNG: Heike Köhl

COVERGESTALTUNG: Melanie Herrmann

SATZ: WS – WerbeService Linke, Karlsruhe

DRUCK UND BINDUNG: DZS Grafik, Slowenien

MIX
Papier | Fördert gute Waldnutzung
FSC® C106600

Penguin Random
House Verlagsgruppe
FSC® N001967

2. Auflage 2024

ISBN 978-3-7358-8036-9 · Best.-Nr- 28036